学术顾问：李学勤　罗哲文　俞伟超　曾宪通　彭卿云

乱世初定

李　默／主编

中华文明是人类历史上最伟大的文明之一，是人类文明发展的主要构成。中华文明丰富、深刻、辉煌、博大，在人类文明中的骨干作用和领导作用为人所共知。在人类文明的发源时期，中华文明就是四大古文明之一，是地球上文化的策源地之一。

广东旅游出版社
GUANGDONG TRAVEL & TOURISM PRESS
悦读书；悦旅行；悦享人生

中国·广州

图书在版编目（CIP）数据

乱世初定 / 李默主编 . — 广州 : 广东旅游出版社，
2013.1（2024.8 重印）
ISBN 978-7-80766-423-9

Ⅰ . ①乱… Ⅱ . ①李… Ⅲ . ①中国历史—隋唐时代—
通俗读物 Ⅳ . ① K240.99

中国版本图书馆 CIP 数据核字 (2012) 第 258042 号

出 版 人：刘志松
总 策 划：李 默
责任编辑：张晶晶 黎 娜
装帧设计：盛世书香工作室 腾飞文化
责任校对：李瑞苑
责任技编：冼志良

乱世初定
LUAN SHI CHU DING

广东旅游出版社出版发行
（广东省广州市荔湾区沙面北街 71 号首、二层）
邮编：510130
电话：020-87347732（总编室） 020-87348887（销售热线）
投稿邮箱：2026542779@qq.com
印刷：三河市嵩川印刷有限公司
　　　（河北省廊坊市三河市杨庄镇肖庄子村）
开本：650×920mm 16 开
字数：105 千字
印张：10
版次：2013 年 1 月第 1 版
印次：2024 年 8 月第 3 次印刷
定价：45.80 元

出版者识

　　《话说中华文明》是一部全景式图文并茂记录中国文明历史的大书。出版者穷数年之力，会集各方力量——专家、学者、编辑、学术顾问们，在浩如烟海的历史档案、资料、著作中，探珍问宝，追寻中华文明在悠悠历史长河中的灿烂之光。此书的出版，凝聚了编撰者的心血，学术顾问们的智慧。尤其是李学勤先生，亲自动笔写下了序言，更增加了本书沉甸甸的分量。

　　中华文明的历史充满了辉煌与苦难，成就和挫折。它的历史无处不在，决定着我们中国人今天的思想和感情。当今的中国和中国人是中华文明的历史造就的，是中华文明的历史的延伸，也是它的一个组成部分，中华文明的历史之河奔流到现在。

　　中华文明是人类历史上最伟大的文明之一，是人类文明发展的主要构成。中华文明丰富、深刻、辉煌、博大，在人类文明中的骨干作用和领导作用人所共知。在人类文明的发源时期，中国就是四大古国之一，是地球上文化的策源地之一。在人类文明的早期，中华文明成为文明在东方的支柱，公元前后200年间，人类的汉帝国与罗马帝国这两只铁手攫住了地球。在欧洲进入中世纪的时候，中华文明更成为人类文明最主要的领导，它的文明统治东亚，传遍世界。进入近代，中华文明处于自身的重压和西方的欺凌下，但中国人民的斗争史和奋起精神是人类文明历史中不可缺少的一页。

　　五千年的中华文明为人类贡献出了从思想家孔子到科学技术的四大发明、从唐诗宋词到长城运河的伟大创造，贡献出了从诸子百家到宋明理学，从商周铜器到明清文学的深刻内涵，也贡献出了从五霸七强到三国纷争、从文景之治到十大武功的辉煌历史。中华文明的历史绚烂多彩，在人类文明的历史长河中永放光芒。

　　中华文明也是人类历史上最独特的文明，没有哪一个文明像中华文明这样持久，这样统一一致。世界上其他文明不但互相交错，其创造者也都与高加索体质的人种有关，它们是姐妹文明。在人类历史中，只有中华文明才是独特的，它的创造者是中国土地上的中国人民，与其他任何地方的人民都没有关系，它的文化是统一一致的文化，可以不依赖于其他任何文明而生存，但中华文明也绝不是封闭的，它接受他人的文化，也承担自己对于人类的责任。

　　人类进入新世纪，中国的社会经济发展令世人瞩目。人们对于世界未来的政治和经济结构的估计无不以东亚和太平洋为中心，而尤以中国为重点。

　　经济起飞只是当代中国的一个方面，中国的精神文明的建设尤为刻不容缓。如果中国要自觉地发展中华文明，要有意识地使中国的发展具有世界意义，就必须发展强有力的精神文化，这样才能使中华文明的发展进入一个新的阶段，才能形成中国和中华文明的全面现代化。

而中国的精神文化的发展植根于中华文明的伟大传统之中。进入近代之后，在西方文化的冲击下，对于中国文化的价值产生大量的情绪化和激烈冲突的论调。"五四"运动打倒孔家店的口号具有冲破封建束缚的时代意义，对中国文化的发展有不容否认的正面意义，与文化虚无主义是完全不同的。文化虚无主义者否定中国传统文化，在现代化的旗帜下主张全盘西化；而复古主义则沉迷于中国文化的古董，走进反进步、反科学的泥潭。

历史的发展则超越了所有这些论点，产生这些论调的一百多年来的中国近代史已经结束。历史要求中国发展，要求中国走在全世界发展的前列。西化论和复古论都已过时，历史已经要求世界超越西方，中国可以承担起世界的命运，而中国的现实和世界的历史都说明，中国的使命在于它的发展前进，而非倒退。

中华文明走出迷惘的时代，我们这一代处在一个伟大而具有挑战的历史阶段。

总结历史、展望未来，这就是《话说中华文明》的意义和使命。我们创作《话说中华文明》，力求总结和回顾中华文明的全貌，在内容和形式上都开创一个新的局面。在内容结构上，既具有一定的深度，又具有相当的广博性，既有严谨、准确的学术价值，又有活泼、流畅的可读性。我们在本丛书内容纳了中华文明的各个方面，使它综合了大规模学术著作的系统性、严密性和普及读物的全面性、简易性，它既可作为大型工具书检索中华文明的各个成分，又可作为通俗的读物进行浏览。

我们从上世纪90年代初起就开始思考中华文明的历史和现实问题，并逐渐形成了编著《话说中华文明》的设想。在开展这项庞大的文化工程之始，我们就聘请了国内权威学者李学勤、罗哲文、俞伟超、曾宪通、彭卿云诸先生担任学术顾问，他们对计划作了充分讨论，并审阅了大量初稿。我们聘请了广州、香港地区的社会科学学者、大学教师、研究生以及我社编辑人员几十人担任稿件的撰写工作。

通过创作这部书，我们深深地感受到了中华文明的博大精深，也感受到了它的内在缺陷。中华文明具有辉煌的时期，也有苦难的年代，有它灿烂的成就，也有其不足的方面。中华文明在自身中能够吸取充分的经验和教训，就能够使自身健康壮大，成长发展。

通过创作这部书，我们也深深感受到了出版事业的使命和重任。我们希望这部书能受到广大读者的喜爱，起到它所应当起的作用。为中华文明的反省、前进和奋起作一点贡献。

目 录

隋 朝

乱世初定

唐　朝

隋朝

581~590A.D.

隋朝

乱世初定

581A.D.陈太建十三年　周大象三年　隋开皇元年　后梁天保二十年

二月，周相国随王杨坚为皇帝，改元开皇，是为隋高祖文皇帝，周亡。隋除周六官，依汉魏之制。是岁，隋诏任民出家，听大造经像，于是民间佛书多于六经数十百倍。突厥四可汗分立。文学家庾信去世。

582A.D.陈太建十四年　隋开皇二年　后梁天保二十一年

正月，叔宝即位，史称后主。七月，陈帝设无碍大会，舍身。隋作大兴城，为长安前身。

583A.D.陈至德元年　隋开皇三年　后梁天保二十二年

隋大发兵分八道击突厥，大破之。隋更定新律，凡十二卷，五百条。

584A.D.陈至德二年　隋开皇四年　后梁天保二十三年

突厥内哄，其苏尼部及达头可汗降于隋。六月，隋自大兴城至潼关，凿广通渠三百余里以通运。

585A.D.陈至德三年　隋开皇五年　后梁天保二十四年

正月，隋颁行新修五礼。隋发丁三万筑长城，东至河，西至绥州，凡七百里。

587A.D.陈祯明元年　隋开皇七年　后梁广运二年

四月，隋于扬州开山阳渎以通运。八月，隋征后梁帝入朝，九月，废之，后梁亡。

588A.D.陈祯明二年　隋开皇八年

十一月，隋大发兵，以晋王广为元帅攻陈。

589A.D.陈祯明三年　隋开皇九年

正月，隋师入建康，俘陈后主，陈亡。岭南共奉高凉洗夫人为主，号圣母，拒隋师。隋命陈后主与洗夫人书，始降。

587A.D.

日本用明天皇死，苏我氏独执大权。

589A.D.

阿拉伯人与突厥人及喀萨尔人共攻波斯。拜占廷亦与波斯战。波斯人杀波斯王荷米斯达斯四世，而立其子科斯洛埃斯二世（589～628）。科斯洛埃斯二世是萨珊王朝最后著名的国王。

杨坚灭宇文氏建隋

杨坚出身于关陇名门贵族，他的女儿嫁给周宣帝作皇后。大象二年（580年），宣帝死，静帝年幼无力统辖朝政。在山东士人李德林和高颎的帮助下，杨坚入宫辅政，被称为大丞相，总理朝政大小事宜。

杨坚入宫后，身体力行革除宣帝时期许多苛政峻法，制订了《刑书要制》；准许汉族人放弃鲜卑族而恢复自己原来的姓氏；他还提倡国民必须节俭才能强国富民。这些举措都对于久处于纷乱艰辛的人们予以莫大的希望，顺民意、合民心，取得了人民的信任和拥护，在推行政举的过程中取代北周宇文氏的迹象更加明显。

隋文帝杨坚像

北周贵族眼见自己的朝廷逐渐被杨坚所掌握，不甘失败。赵王招、陈王纯、越王盛宗、代王正、滕王五王会集长安，企图兵变，想在宴会上暗暗埋伏士兵将杨坚杀死，杨坚不知是计，只带了大将杨弘、元胄前去。席间，赵王几次下手，幸亏元胄舍命相救杨坚才脱险。后来，杨坚以谋反罪将五王全部杀死。自581年二月开始，杨坚听从宰相虞庆则的建议，要消灭北周宇文氏皇族以求消除隋朝的一大隐患，于是便大开杀戒。五月二十三日，为断绝北周皇统，巩固自己的统治，秘密杀害了周代的末代皇帝、隋介国公宇文阐，宇文阐当时只有9岁。

大象三年（581年），杨坚废周称帝，改国号为隋，改纪年为开皇元年，定都长安，史称隋文帝。杨坚利用种种手段就此实现了他改朝换代的夙愿。

杨坚建立新体制·加强中央集权

隋朝的建立是中国由分裂走向统一的又一个开始，历史上起到了承前启后的作用，为盛唐的到来奠定社会基础，它所创设的许多体制都开历史的先河并为后世所仿效。

文帝即位初始，就洞察北周官制之积弊。为了巩固自己的统治，大力加强中央集权，他果断地废除北周模仿《周礼》所置六官，取而代之的是三省六部制，即尚书、中书、门下及吏、户、礼、兵、刑、工六部，这样中央官职分工明确，互不交叉，效率有了极大提高，地方则废郡设州县两级，裁撤冗员，有利于中央对地方的控制。为了笼络人才，文帝首创科举制，从此庶族寒士也有大量机会得到提升，许多知识分子都苦读经书谋求官职，这无疑为中央加强控制地方创造了客观条件。在文帝南征北战统一过程中，这些出身贫寒而得以重用的官员发挥了重大的作用。

对于地方官制，隋朝废除了辟署制度，革除了州县辟署制度的种种弊端。自汉以来，州郡长官由中央任命，但其佐僚都由州郡长官自行任命，这样便形成独霸一方的世家地方豪强，大大削弱中央集权。隋朝废除辟署制后，凡九品以上官吏均由中央任命，吏部考核。后来，隋文帝针对南北朝以来地方官制分州郡县三级而滥设机构的现象进行改革，废郡而改设州县两级，州设刺史，县设县令。

583年，杨坚根据苏威轻徭薄赋的建议而全面改革赋税制度，将男子成年年龄改18岁为21岁，每年服役由1个月改为20天，纳绢2丈。到了590年又规定农民年满50岁便可免纳庸税，604年又诏令免除妇女、奴婢、部曲的课税，这些对于减轻农民负担、促进国家富强有积极作用。

581年六月，隋文帝下令改革部分礼制，规定必须依据《礼经》进行宗庙活动，放弃北周旧制而采用东齐的做法。对于服饰的颜色着装也作了新的改革，戎服为黄，常服可用杂色。七月七日，文帝开始穿上黄衣服，在常服上百官与庶人同样。杨坚朝服唯有 13 环带与臣民不同。

581 年，隋朝建立后，隋文帝命令高颍、郑译、裴政等人在北周、北齐的刑律基础上制订新刑律，到十月完成颁布，史称《开皇律》。新的刑律将刑名分为死、流、徒、杖、笞 5 种，废除了鞭、枭、宫等酷刑，对徒、流的判决也放宽很多。583 年隋文帝又命苏威、牛弘修订，除死罪 81 条，又增加"十恶之罪"，首创分名例、户婚等 12 篇体例，总体上苛刻程度较以前轻。《开皇律》的颁布对后世产生了巨大的影响。

另外，隋朝还颁布了均田令；统一货币流通，铸造五株钱。以上这一系列举措在总体上有利于生产力的发展，推动了历史进步，对后世有深刻影响，也有利于巩固隋朝的统治。

顾野王去世

581 年，南朝著名画家、诗人、文字训诂学家顾野王去世。顾野王（519 ~ 581 年），字希冯，吴（今江苏苏州）人。顾野王少时好学，秉性聪慧，7 岁便通读五经，长大后博览群书，天文地理、占卜算卦、虫篆奇字无不精通。他还能文善诗，擅长画人物画，538 年曾任太学博士，后又任黄门侍郎、光禄卿等。宣城王陈顼建宫舍时，又把他所作的画

隋彩绘陶房

《古贤象》作为壁挂挂在厅堂上，还请诗人王褒作书颂赞，当时被称为"二绝"。570 年，顾野王再升任国子博士。

顾野王著有《玉篇》、《舆地志》、《符瑞图》、《分野枢要》、《玄象表》、

《通史要略》等，但多数都已经亡佚，仅存有《玉篇》，这是我国文字训诂学的重要著作之一。他作的诗也很多，尤其是乐府诗以写景见长，时有佳句。如《阳春歌》中有佳句为："池前竹叶满，井上桃花飞"等等。

独孤皇后匡扶隋文帝

　　隋文帝杨坚的皇后姓独孤，是西魏北周柱国大将军独孤信的女儿，母家为山东姓崔的门阀世家。独孤氏自幼在家庭氛围的熏陶下受到儒教礼法的教育，言行举止大方得体。

　　杨坚受禅让建立隋朝后，独孤氏不遗余力地支持他的事业，内外政事都加以过问，提出的许多见解和观点都与文帝的意见相合，文帝对她既宠爱又有些敬畏。581年十月，独孤氏表兄弟崔长仁犯罪应当处斩，文帝打算免他死罪。但独孤氏认为不能徇私枉法败坏国家法度，依法将崔长仁斩首。独孤氏生性好节俭，从不奢侈腐化，宫廷内外事务一切从俭，甚至一些必备衣料、药物都没有。文帝借鉴北周亡国的教训，不敢将权势任意转借给外戚，独孤后也不为她的亲人请功邀赏，她的兄弟做官也只不过是将军、刺史而已。她只关心政治，匡扶帝业，在历史上可谓少之又少。

隋唐宰相制形成

　　581年，隋文帝即位之后，立即废除了北周模仿《周官》所置的六官体制，建立了以三省六部为核心的中央政府新体制。

　　在隋唐时期的官僚机构中，官品最高的是所谓"三师"与"三公"。三师即太师、太傅、太保，正一品，三公即太尉、司徒、司空，也都是正一品，三师与三公都是名位高而无实权的虚职，不置僚属。这是皇帝对权重的功臣的一种巧妙安排，或是皇帝选拨最有经验的亲信充当辅佐的荣誉职称。

　　隋文帝代周以后，分割宰相的权力，确立三省长官并为宰相的体制。尚书省的令、仆射，门下省的纳言，内史省的监、令，都称为宰相。唐初，沿袭隋制。高祖武德三年（620年），改纳言为侍中，改内书省曰中书省，内史令曰中书令，以左、右仆射为尚书省长官，与侍中、中书令并称宰相。唐代相府机构变易之繁，宰相名称之多，为前代所少有。唐初，三省机关为相府，其后则屡经变易，名称繁多。不过，变化虽多，仍以中书、门下、尚书三省为常制。

唐代宰相选拔制度的基本特点是任人唯贤。唐初，主要通过战功来选拔宰相。立军功之后，又表现出经国治世之才，有较高的政治威望，方可选入宰相集团。从武则天统治直到终唐之世，则以科举制特别是进士科作为选拔宰相的主要途径。宰相享有很大的权力，主要是参与军国大事及决定官吏任免甚至是皇位断承人选的人事权力。参决军国大政方针，是唐代宰相最重要的职权。皇帝的一切诏、敕、制书，均需在政事堂会议讨论研究，然后决定是否颁布，如果同意颁布，也需要宰相

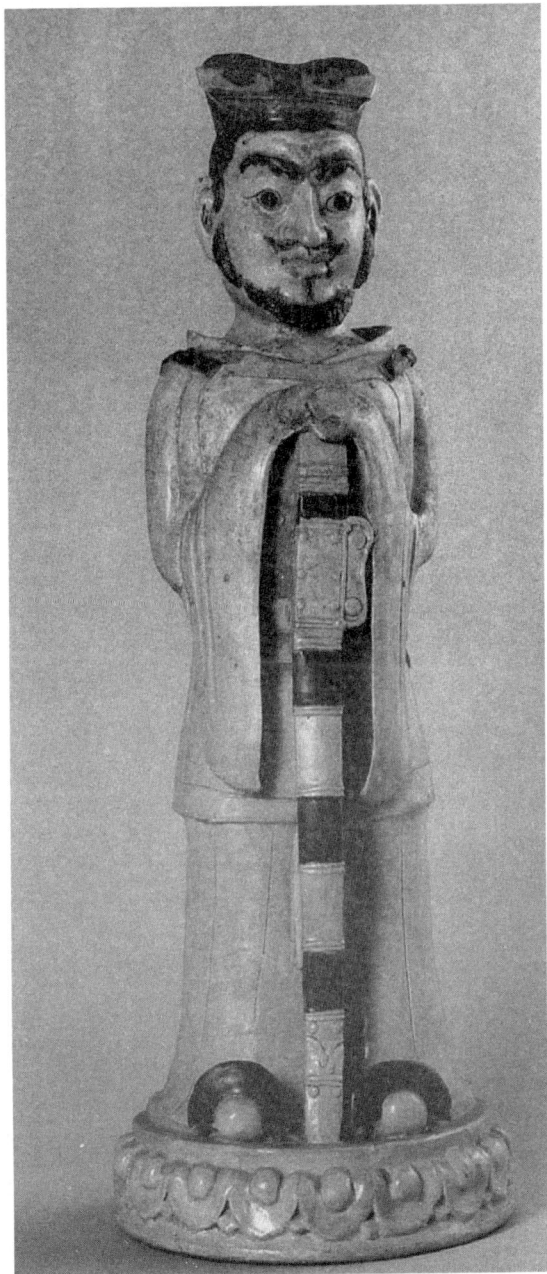

隋白釉官人抚剑俑

副署，并盖上"中书门下之印"才能生效。

唐代宰相制度实行集体负责制。唐朝的宰相不同于秦汉，多是他官兼职，或者是宰相兼领他职，所以没有独立的办公机构—相府；它是集体负责制。肃宗时，宰相办公采取轮流值班的制度，宰相们在政事堂轮流值班执事，一般公务，值班宰相代表宰相集体处理，可以代签诸宰相的名字，盖上政事堂印；凡遇军国大事，则历抵诸相府第，约集大家集体议决平章。

政事堂制度是宰相制度的一项重要内容。政事堂创设于隋朝（《唐会要·中书侍郎》），最初并不是一个权力机关，而是宰相们议事决策，拟订重大诏令的地方。经过100年左右的漫长岁月，政事堂议事发展为一项重要的政治内容。

唐太宗第一次提高了政事堂的地位。武德年间，政事堂设在门下省，纯粹为宰相议政场所，贞观以后，中书省职权逐步提高，中书令在拟定诏旨之前，多提前于政事堂进行讨论，于是政事堂的地位日渐提高。

以上这些特点，使唐代宰相制度能够发挥重要的历史作用。宰相是中央政府的首脑，是国家最高行政管理人。大多数君主如唐太宗、唐玄宗甚至包括武则天等都能主动就教于宰相；而宰相亦能充分发挥自己的智慧和才能，保证工作高效率，在一定程度上限制了君主的独断专行。

颜之推入隋

颜之推（约529～591年），祖籍山东，出身于书香世家，世代精通《周礼》、《左传》等学识。颜之推是南北朝时期北朝的大学生，生于南朝梁武帝时期，少年时博览群书，富有辩才，作的文章文词绚丽。开始时，他任梁元帝府右常侍，后又迁往江陵任散骑侍郎。西魏攻入江陵后，他率妻子儿女投奔北齐，任奉朝清、平原太守。北周灭北齐后，颜之推又投奔周，隋朝建立后，颜之推便于581年投奔隋朝。他的一生艰辛坎坷，颠沛流离，历经三朝衰亡，处境悲苦。

作为一个大学者，他一生的著作很多，但许多已经失传了。《观我生赋》是一部既感慨一生之遭遇又反映当时社会战乱的文集，共30卷，现今仅存《古意》等 5 首诗。虽沿袭齐梁风格，但诗风质朴。他还创作了志怪小说《冤魂志》（又名《还冤记》）3 卷。另有《集灵记》20 卷，均已散佚。

在颜之推的众多著作中，以《颜氏家训》最为著名。

此书成于隋，由他的大儿子颜恩鲁整理成书，共 2 卷 20 篇。该书多以儒家经典思想教育子弟，立论平实无华，知识丰富，并对当时社会风行的士大夫那种虚伪无耻、不学无术、游手好闲的丑恶面孔进行揭露。他痛恨魏晋以来士大夫无所事事、不学无术的社会风气，企图用儒家经典为依据，从整饬家庭关系入手来扭转时弊，强调父慈子孝、兄友弟恭、夫义妇顺的封建伦理，提倡"应世经务"。这本书是研究魏晋南北朝时期的社会思想的重要著作。

陈后主登位

陈太建十四年（582 年）一月十三日，陈叔宝即皇帝位，是为陈后主。

582 年一月，宣帝陈顼病重，一月四日，召见皇太子陈叔宝，始兴王陈叔陵，长沙王陈叔坚入宫侍服左右。当时陈叔陵便心怀鬼胎，暗自私藏毒药刀剑，企图在宣帝死后乘机作乱，篡夺皇位。

一月十日，宣帝陈顼病死。陈顼，字绍世，小字师利，陈高祖陈霸先的侄子，生于 530 年七月，早年跟随陈霸先起兵讨贼，征战南北，后又被派进宫内侍服梁元帝。江陵沦陷后被西魏军押往函谷关以东，559 年高祖死去时被封为安成王。568 年（光大

南陈亡国之君陈叔宝像

二年）十一月二十三日陈顼入纂大统，569 年登基称帝，即陈宣帝。宣帝为政有略，气度宏伟，在位 14 年，国家安定，经济发展。他曾派吴明彻北伐收复失地，最后虽失败，但他坚守长江防线，保护国土。他死后庙号为高宗。

一月十一日，宣帝尸体收敛入棺，陈叔宝俯伏痛哭，陈叔陵乘此机会砍伤陈叔宝的脚跟，又砍倒柳后（陈叔宝的母亲）、乳母吴氏。陈叔坚抓获叔陵但又被其挣脱。陈叔陵企图起兵谋反，只有陈伯固响应。陈叔宝召右卫将军肖摩诃率步骑兵数百人围住东府，陈叔陵被围困后无奈，就将他的妻子和宠姜共 7 人杀死，自己带兵突围，想投奔隋朝，肖摩诃率军围截生擒，最后将陈叔陵、陈伯固及其儿子、亲信全部杀死。陈叔陵生性阴险狡诈，但也难逃灭顶之灾。

一月十三日，陈叔宝即位称帝，即陈后主。陈叔宝，字元秀，小名黄奴，陈顼的嫡长子，即位后，即大赦天下。陈后主荒政溺嬉，喜近女色，好乐观舞，是历史上有名的浪荡皇帝。

画家阎毗入隋

阎毗，榆林盛乐（今内蒙古和林格尔）人，居住在雍州万年（今陕西西安）。北周上柱国宁州刺史阎庆之子。581 年，因为北周灭亡，上柱国归附隋。

阎毗 7 岁时便继承爵位任石保县公，周武帝时期被选为附马，娶清郡公主为妻。阎毗喜爱研读经典史学丛书，并熟悉写作技艺，又善于书法绘画，尤其是草书、隶书两种体例的书法十分娴熟。隋文帝对他的才华很是赞赏，并授予他车骑将军的称号。

隋代白陶女舞俑。白陶上施加透明釉的作法始见于隋代。

　　隋炀帝时期，阎毗接受命令修建辇辂，绘制工程图样，画笔精妙异常，在维修和构图过程中，善于在吸取传统经验的基础上加以创新、改进。由于他竭尽全力地效忠隋朝，因此官至朝散大夫、将作少监，并主持修筑长城，开挖运河等工程。

　　阎毗在一次跟随隋炀帝征战辽东的路途中去世，享年 50 岁。他的儿子阎立德和阎立本都是初唐时期的大画家。

隋对突厥作战

　　581 年到 583 年间，隋文帝一面利用长孙晟的计策离间突厥各部，一面派兵袭击突厥，在两年中屡屡大破突厥。

　　581 年，突厥佗钵可汗病逝后，突厥各部走向分裂，人罗便、庵逻、摄图、

隋代牵马胡俑。俑为胡貌胡装，深目高鼻，面带笑意，全身用红、白、黑三色涂绘。姿势作牵马状。制作手法朴拙，表现了西域民族长途行旅的情景。

乱世初定

站厥分立四方，各自称汗。由于沙钵略可汗摄图勇武强大，因此北方各部都归附他。杨坚建隋后对待突厥不再象北周那样优厚，周千金公主又在突厥日夜请沙钵略可汗为周报仇，于是沙钵略以此为借口常常搔扰隋北方边境。隋朝命人修筑长城，驻扎兵力以防备突厥入侵，但收效甚微。

长孙晟曾因送千金公主入突厥而熟悉突厥内部情况和山川地形，于是他便向文帝献离间计。文帝大赞此法甚妙，便派遣使者到达头可汗站厥那里，封地受赏，其礼遇超过对沙钵略可汗。长孙晟也重赏契丹各部，又劝沙钵略的弟弟处罗侯归顺隋朝，处罗侯与长孙晟原来就有交情，便表示愿意归附。

582年四月十七日，隋大将韩僧寿在鸡头山（今甘肃固原境内），上柱国将军李充也在河北山（今内蒙乌加河一带）大破突厥兵。五月十六日，突厥兵入侵平州，被李光击败。突厥又入侵兰州，被凉州总督贺娄子干击败。到十月，隋朝派太子杨勇屯兵咸阳，十二月又派宰相虞庆则驻兵弘化（今山西沁原），以防备突厥入侵。行军总管达奚长孺率兵2千人与突厥沙钵略可汗10万大军在周（今沁源一带）展开大战。艰苦作战3天后，十之八九的士兵战死疆场，但却使突厥兵的锐气受挫大减。可惜的是，冯昱、叱列长叉、李崇等的部队都被突厥打败，突厥兵长驱直入，挥师南下，武威、天水、金成、上都、延安、弘化等地被突厥攻破，他们一路烧杀抢掠，人畜俱亡。沙钵略很是得意，企图继续带兵南犯，没想到达头可汗不肯服从命令，带着自己的部下从西面撤走。长孙晟又使用反间计，假装成沙钵略的儿子染干说：铁勒等部队反叛沙钵略，打算袭击牙帐。沙钵略害怕后院起火，只好退兵。

到了开皇三年（583年）四月，隋文帝决定反击突厥。他命令卫王杨爽等为行军元帅，分兵8路出塞迎击突厥。李充从朔州道出发，与沙钵略军队在白道展开激战，沙钵略丢盔弃甲仓惶逃走。突厥军队里没有粮食，有许多士兵被饿死。幽州总管阴寿率兵10万从卢龙出发击败高宝宁，收复卢龙周围一带失地，高宝宁被部将杀死。

五月，窦荣定率兵3万与阿波可汗苦战，大胜。长孙晟在沙钵略和阿波之间挑拨是非，使他们产生内部矛盾，劝说阿波与达头联合起来对付沙钵略，阿波言听计从。

583年，隋兵8路出击大获全胜，长孙晟反间计又卓有成效，突厥内部逐渐分化，矛盾不断升级，最后竟发生相互征战的事情。583年五月，沙钵略袭击阿波北牙庭，杀死他的母亲，阿波投靠达头可汗后又率兵杀回，屡战屡胜。后来阿波逐渐强大起来，不断与沙钵略交战。突厥各可汗都想求隋朝帮助以求和好，但隋文帝都视不见，坐山观虎斗，让他们自相残杀，自我削弱，最后收降阿波，逼迫沙钵略寄居白道川，只限他在漠南活动。

隋文帝整顿文风

自魏晋南北朝以来，文风多以文辞浮华、内容颓废为特点。在梁元帝时期，如庾信等一批文学家所写的宫体诗，讲究用词的绚丽，但内容却非常低调沉闷，在堆砌词藻之外就是言而无实。这与当时出现的士大夫阶层的那种社会风气是分不开的。那些子弟无所事事，不学无术，整日游嬉玩乐，腐败之风盛行。

隋代曹植庙碑

584年九月，隋文帝下诏颁行全国，要求所有的公私文稿都必须用平实的语言进行客观的表述和记载。这年九月，治书侍御史李谔上书指出当时文体轻薄，认为从魏国三曹（曹操、曹丕、曹植）以来，只看重文词，而忽视内容和文章大意。喜欢耍一些雕虫小技，到了南朝这种风气更甚，常常为了一个字的奇巧使得文章繁琐异常，不利政事的解决。文帝看到上书后非常赞赏，并将李谔的表文颁示全国。泗州刺史司马幼之的上书文表刻意追求用词的华丽，言而无实，被判罪量刑，杀一儆百，以此来表示整顿文风的必要和急迫性。

隋凿广通渠

隋开皇四年（584年）六月，文帝下令凿广通渠。

583年，隋朝迁入新都大兴城后，水陆交通日见繁忙。但大兴城地处中原，河流水位并不高涨。而作为漕运的主要干道渭水，由于当地的水文地质原因，含沙量较高，河水不断地周而复始地冲刷堤岸，在不同的河道中沉积了许多泥沙，航道很不通畅。正是由于地形地势的原因，泥沙淤积很不规整，河床各处深浅不一，这更加阻塞了漕运的通畅顺利。

开皇四年（584年）六月二十一日，隋文帝杨坚诏令太子左庶子宇文恺组织水工开凿渠道。宇文恺是隋朝著名的建筑家，他于582年主持规划和建设了新都大兴城，之后又营建了东都洛阳等宏伟工程。这次他又受命开凿渠道，引来渭水流经开挖的渠道。渠道从大兴城东（今陕西西安北）到潼关（今陕西潼关）共300多里长，为的就是疏通漕运，有利于交通顺畅，这就是历史上有名的"广通渠"。

陈后主荒政游嬉

陈太建十四年（582年）一月十三日，陈叔宝登上陈国皇位，史称陈后主。陈叔宝自幼娇横，无所事事，长大后好近酒色，整日寻欢作乐，荒淫无度，是历史上有名的昏庸君王。

陈至德二年（584年）以后，后主陈叔宝不理朝政，朝廷奸臣当道，朝政日渐腐败。

584年十一月，陈叔宝下令修建临春、结绮和望仙三阁，三阁各高数丈，苑内积石为山，引水为池，种植奇花异草，装饰金玉珠翠。他自居临春阁，张贵妃居结绮阁，孔、龚二贵妃居望仙阁，另又和许多的宠爱宫女和妃嫔，成日在宫苑内游嬉。他又宠信江总、孔范、王瑳等人，让他们陪伴左右，游宴于后苑，无尊卑之序，人称"狎客"。后主每次饮酒都命妃嫔、女学士与

隋彩绘陶提瓶女俑

隋文帝祈雨图。从隋文帝祈雨壁画描绘的隆盛景象，似能体悟到"开皇之治"的气氛。

狎客相互唱和赋诗，以求刺激，并将其中艳丽之句汇成乐曲，叫宫女演唱，常常是通宵达旦。在此期间，后主创作了《玉树后庭花》、《金钗两鬓垂》等乐曲，声调低沉哀婉，传说中国十大名典之一的《春江花月夜》也是在此时创作的。

贵妃张丽华是后主最宠的贵妃之一。百司启奏政事，后主竟将张丽华放在膝上，与她共同决策。宦官与妃嫔内外勾结，假公肥私，贪污受贿，骄横不法之事时有发生。后主还大兴土木，使国库日见空虚，加上宦官的巧取豪夺，使百姓的税赋逐年增加，人们怨声载道。然而，后主沉溺于酒色，不问民众之饥苦，只求贪图享乐。大小政事都委托奸臣乱贼施文庆等人去办理。孔范扰乱朝纲，目空一切，作威作福，致使文武解体，朝廷一片混乱。相反，一些忠于朝廷的人却遭受打击、排斥，甚至被赐死。傅縡就是一个有名的例子。后主下令将他逮捕入狱后，他仍忠心耿耿，上书劝谏后主不要贪恋酒色，不要让小人在侧，佞臣当权，使得民不聊生，生灵涂炭。并说长此下去，必将众叛亲离，将陈国江山毁于一旦。后主得到上书后大怒，傅縡在585年十月被赐死于狱中，享年55岁。

隋大索貌阅

隋朝继承北周的赋税制度，并进行了一些改革：不论男女，3岁以下的称为黄，10岁以下称为小，60岁以上称为老。根据制度规定，这些人都无须缴纳赋税服劳役。于是，民间中许多人伪称为老或小，想以此来偷税免役，尤其是山东一带，户口登记有许多假冒失实的。

585年五月，隋文帝命令各个州县进行索貌阅，意思就是看人民的相貌来验证到底是属于老还是小，并以此来检查户籍登记的真伪情况。凡是户口有不实的，里正、党长都发配边区服兵役劳役。凡是堂兄弟生活在一起的，都命令他们析籍分家，以防止隐瞒埋没户口。这样全国经过一番努力的大索貌阅，共查出并新登记计有164万余人。与此同时，宰相高颎请求实行输籍法，凡是民间课税输出的都必须记录在案，以备后查。这样便使各州县长和其他

官吏不能耍弄手脚，徇私舞弊了。隋文帝接到高颎的奏请后，欣然同意施行输籍法。从此以后凡是想弄虚作假的人都无法藏身。

王元规讲学

陈祯明二年（588年），王元规在江州（今江西九江）讲学。

王元规，字正苧，太原人。他从小便刻苦好学，师从沈文阿。18岁便精通《春秋》、《左传》、《孝经》、《论语》等古代经典著作，梁大通元年（527年）中举。侯景之乱时他带家眷到会稽（今浙江绍兴）。进入陈朝后，王元规担任国子助教之职。陈叔宝登基后，他又转入东宫当学士，官拜国子祭酒。

南朝从梁以来，许多儒生研究《左传》是用贾逵、服虔的论点来驳斥杜预的，王元规将180条文一一予以条分缕析，旁征博引，据理论争。于是各种疑问便迎刃而解，不再有人加以妄言了。

王元规后来任南平王府限内参军，隋朝时到达江州，四方学生涌至江州，想拜他为师做学问，有人甚至千里迢迢从中原、山东等地赶来听他讲课，谈论为人之道等等。陈灭亡后，他又成为秦王府东阁祭酒。最后在广陵（今江苏扬州）去世，享年74岁。

隋代虎符

隋发兵灭陈

隋开皇八年(588年),隋发大兵进攻陈国,到589年一月,攻克陈都建康(今南京），灭陈,统一了全国。

杨坚在建国之初,便为灭掉陈国而作了积极的准备。587年十一月,隋文帝向朝廷百官询问征求灭陈的良策。宰相高颎献策说每年江南收获时节,我们放出风声说将攻打陈,他们必将放弃农时进行驻防,这样他们的粮食得不到收获,财力便会日渐困乏。如此再三,他们的防备必将松驰下来,我们便乘机过江攻陈。文帝大赞此计很好。同月,隋文帝下令大造巨型战船,准备进军陈国。杨素在永安（今湖北巴东）造大舰船,高达百余丈,分为五层,

隋五牙战船。在隋朝的统一战争中,水师起了很大作用。图为隋五牙战船复原模型。

号称为"五牙",可容纳战士800人,另外还有"黄龙"舰及其他小型战船。而隋将梁萧岩率兵投降陈国,成了隋朝进攻的最好借口。

588年十一月二日,隋文帝亲自饯送将士五十一万八千多人进攻陈国。十日,在潼关三十里外的定城陈师誓众,兵分8路大举进攻陈国,拉开了战幕。十二月,隋军南下,杨素乘黄龙舰等数十艘战船临近长江南岸,沿江东下。陈后主得知后不以为然,说什么王气在此,齐兵三来,都无法击败我陈朝!孔范也竟相附和说长江天险,无人可渡。于

隋代武士俑

是陈后主照样寻欢作乐、莺歌燕舞、纵酒作诗。588年,杨坚还诏示陈后主列罪20条,并将诏书发放江南,以扰其民心。进攻陈的隋军东临大海,西接巴蜀,绵延数千里,与陈后主防备松驰,自恃有长江天险成为鲜明对比。

589年一月一日,大雾迷漫长江下游两岸,隋朝吴明总管贺若弼从广陵(今江苏扬州)渡过长江,陈军丝毫没有觉察。同一天,隋将庐州总管韩擒虎率500人从横江(今安徽和县境内)夜渡长江,竟以500人便攻克了重镇采石。一月六日,隋将贺若弼攻克京口(今镇江),控制了建康下游门户,一月七日,韩擒虎攻克故孰(今当涂),扼守上游咽喉。随后,两军挺进建康,沿江陈军纷纷溃逃。一月六日,贺若弼军队进占钟山(今南京市内),韩擒虎也驻扎在新林(今南京市西南),这样,隋军便形成了对建康的合围之势。晋王

杨广派总管杜彦渡江与韩擒虎会合，两军加起来共有两万多人。蕲州总管王世积带领水师从九江出击将陈将纪瑱打败。晋王杨广向隋文帝报捷，文帝大摆宴席以示庆贺。

当时，陈国驻守在建康的还有10多万军队，许多将领请求迎战出击，早日解围。陈后主不许，只知整日整夜哭泣。施文庆也大力阻止陈将出击，形势显得更加紧迫而不利。

待隋军完成了合围建康的布署后，陈后主不听从大将任忠的建议坚守城池，反而轻率决战，命令鲁广达、任忠、肖摩诃等人在钟山布阵，南北长达20里，首尾不相接，进退不相知。一月二十日，两军会战于钟山，贺若弼率领隋军决一死战，最后擒拿了肖摩诃。与此同时，韩擒虎从新林进军，任忠不战自降，引着韩军从朱雀门直入。隋便顺利地攻克了陈都建康。陈国百官都四处逃遁，陈后主仓皇从景阳殿出逃，藏在一口枯井中，被隋兵抓获。高进入建康后发现陈叔宝床下那些京口报急的信竟没有开拆！后来，杨广命陈后主下诏令周罗睺等人投降。陈朝灭亡。

陈朝的灭亡，标志着南北朝以来270多年分裂局面的结束，全国走向重新统一。

冼夫人奉岭南附隋

隋开皇九年（589年）二月，隋灭陈，但岭南地区还没有归附。岭南各郡共同推举高凉郡（今广东阳江）太夫人冼氏作为岭南各郡的主帅，号称圣母，保护境内臣民。

文帝命令柱国将军韦洸等安抚南岭地区，但豫章太守徐璒占据了南康（江西境内），韦洸无法进入岭南。晋王杨广让陈后主写信给冼夫人说明陈已经灭亡了，要她归附隋朝。冼夫人接阅书信后痛哭失声，各酋领也痛苦万分，冼夫人派她的孙子冯魂率人迎来韦洸，韦洸杀了徐璒，进入广州。到了广州后，韦洸到处游说，说服岭南各个州县，归附隋朝。衡州司马任环劝都督王勇起兵占据岭南，然后立陈皇室之后为帝想东山再起，但遭王勇拒绝。王勇带他的部队投降隋朝，任环只好丢官逃命。这样，岭南各郡各州全都归附隋朝，不再有人兴兵作乱。

590年十一月，番禺（今广州）夷人王仲宣起兵谋反，岭南各部落首领纷纷响应，形势一触即发。叛军迅速包围广州，隋朝将军韦洸被流箭射死，兵在将军鹿原带领数千人击败了王仲宣的将领周师举，进逼南海。

冼夫人命令他的孙子冯暄带兵营救广州，但由于冯暄与陈佛智有旧情，所以按兵不动。冼夫人大怒，将冯暄逮捕入狱，改派冯盎出师广州，击败并杀死陈佛智，并与鹿原和韦洸副将的军队合并共同击败了叛军。

冼夫人在此平叛中功劳显赫，被封为谯国夫人，允许她开幕府、设置官署，可以指挥6个州的兵马。她的丈夫冯宝被追封为广州总管，封为谯国公。

隋修定雅乐

隋乐在古代中国音乐史上具有重要地位，它是在"华夏正乐"和"西域胡声"等多种音乐的基础上修订而成的，内容丰富多彩，节奏多变。

在隋开皇初年，宫中太常雅乐与胡声同时并存，沛国公郑泽奏请组织人力修正雅乐。文帝诏见牛弘、何妥等商议制订新乐，但几年过去了，还没有达成一致意见。589年二月，隋朝平定陈后，得到了许多宋、齐两代的乐器和江南许多技巧熟练的乐工。589年十二月，文帝命令太常设置清商署负责此种修订工作。此时，牛弘又奏请文帝依据南朝音律修定雅乐，把北方杂调悉数去

隋代弹琵琶女俑

021

隋代彩绘乐伎陶俑

掉，参加修订的主要有牛弘、许善心、姚察、虞世基等人。

594年，历经5年的修订终于完成，隋朝颁行新乐。修订后的新乐定作国伎、清商伎、高丽伎、天竺伎、安国伎、龟兹伎、文康伎等7部隋乐，除此之外还吸收了疏勒、扶南、康国、百齐、突厥、新罗、倭国等外来音乐。后来，在隋炀帝大业年代中期，又增定为清乐、西凉、龟兹、天竺、康国、疏勒、安国、高丽、文康等9部乐。其中，只有清乐是汉代传下来的旧乐，其余8部都是从西域传来的。

乐工万宝常听太常寺所奏新乐，哭着说："乐声淫厉而哀，天下不久将尽！"万宝常，江南人，隋代音乐理论家、演奏家，尤善弹琵琶。北齐时，因其父获罪被杀而配为乐户。所著《乐谱》详细论述了八音旋相为宫之法，改弦称柱之变，为八十四调，一百四十四律，终于一千八百声，可应手成曲。万宝常生活贫困且没有后代，晚景凄凉，后因饥饿而死。临死前，他取出所著《乐谱》64卷，全部将之焚毁，当时的人们都为之惋惜。

姚察入隋

隋开皇九年（589年），陈朝吏部尚书姚察因陈亡而入隋。

姚察，字伯审，吴兴（今浙江）人。他自小便刻苦好学，常常夜以继日地研读。13岁时因为博学多才而在梁东宫任职，遇上侯景之乱，生活十分艰辛，常常吃野菜充饥但没有放弃学习。陈朝建立后，姚察在好友杜之伟的帮助下担任著作郎，修订撰写国史，后又到周朝作通使，回陈后修定乐舞。陈后主年间，他担任中书侍郎，后升任史部尚书。姚察一生清廉、洁身自好，虽然身居要职，但为人谦逊善良，所以在陈朝享有胜名。589年二月，陈朝灭亡，姚察被召进隋朝。隋文帝杨坚曾在朝廷上说："我很久就听说陈朝姚察学问精深，品性端正，是个难得的奇才。平定陈朝我就得到这一个人了。"606年，姚察去世，享年74岁。

在周朝通使时，姚察与长安学子相处很好，在此期间写了《西聘道里记》一书。另外还写有《汉书训纂》30卷、《说林》10卷、《文集》20卷。入隋以后，姚察接受杨坚的命令修订编撰梁、陈两朝历史，但未完成修撰工作便去世了。姚察去世时，把编订的体例告诉姚思廉，让他继续完成史集工作，他的儿子姚思廉继承父业，完成了他未尽的修订编撰工作。

隋文帝贬李德林

隋开皇九年（589年）二月，宰相虞庆则奏请杨坚废除专门管理民间辞讼、纠纷等事务的乡正，李德林上书反对，令文帝大怒，被贬为湖州刺史。

李德林，字公辅，博陵安平（今河北）人。他幼年天资聪明勤奋好学，首先在北齐任官，后来北周灭齐后，又任北周御正下大夫，深得周宣帝的宠信。隋朝建立后，李德林跟随杨坚辅助政事，杨坚也委以重任，有许多诏令檄文都由他起草、拟定。581年，虞庆则建议杨坚大杀宇文氏，以除心腹之患，朝廷众臣全都随声附和，只有李德林反对，认为不妥，杨坚为此讨厌他而10年未给他加官进封。589年二月，苏威奏请设立乡正，而虞庆则巡抚山东后认为设置乡正专门管理民间辞讼也并不方便，于是杨坚又废除了乡正的设置。李德林于是上书朝廷说政令朝成夕改，于国于民不利。隋文帝听后大怒，以为李德林把自己比作王莽，便将李德林贬为湖州刺史。文帝曾赐给李德林庄店，到590年四月，有人告李德林强夺民田，苏威又上书弹劾李德林，司农卿李圆通也奏请追赃治罪。文帝更加厌恶他，大骂之后将李德林再次贬为怀州刺史。李德林请求不再作内史令，文帝不许。不久，李德林死于任上。

隋文帝改革府兵制

隋开皇十年（590年）五月，隋文帝杨坚颁布诏令改革府兵制，实行兵农合一。

在改革之前，府兵与其家属、土地自成体系，不加入百姓的户籍，也不归属州县管理，所以军人家属很难管理，军人常常包庇本家，隐匿户口，不缴纳租税。其实，在北周时，府兵制便开始逐渐地走向兵农一体化。但军人独立户籍，家属也居住于军队所在地附近。杨坚下令改革府兵制后，命令军人的户籍与农民一样，属于所在地的州县管辖。这样便使府兵具有军籍和民籍双重身份。军人及家属依照均田制在各州县分配土地进行耕种，在和平时期与农民一样耕田作业，打仗时便出征上前线，可以免除租税调役；同时，每年都必须轮流到京城驻防。

隋武士俑

改革后的府兵，在统领上还是分为12个卫分领，但是卫分领的权力只限于监督在京城驻扎的府兵。同时，12卫还分别设置大将军，总体上对皇帝直接负责，受皇帝一人控制。

府兵制的改革，使国家兵源得到有力的保证，平时耕种，战时出征，减轻了国家对军队的财政负担。另外还削弱了各军队首领之间的联系，有利于封建国家统治的巩固。

陆德明释经典

南北朝时期，学人频繁交流使各地经学相互影响，使南北经学从"分立时代"开始"进入统一时代"，这一重大转变以陆德明于南朝陈后主至德元年（583年）着手撰写的经学著作《经典释文》为标志。

陆德明，名元朗，约生于南朝梁简文帝大宝元年（550年），卒于唐太宗贞观四年（630年）。苏州吴（今江苏吴县）人。在陈、隋两朝为官，隋炀帝时为秘书学士，后任国子助教。唐朝为国子博士，封吴县男。

《经典释文》是对14部儒家典籍进行注音、释义的著作。全书采集汉魏六朝音切230多家，加之他曾求学于周弘正，善长玄理，承袭了南方经学余脉，同时兼采南北诸儒训诂，详细考证各种传本的异同，是一部集诸家之大成、工程浩大的经学著作。

全书第一卷为《序录》，详细叙述了经学传授的流派，成为后世研究经学的必读书目。其中，《周易》采用王弼与韩康伯注的《系辞》，《尚书》用伪孔安国传本（《舜典》一篇用王肃本），《诗经》主毛传郑笺，《三礼》全部采用郑玄注，《春秋左氏传》主要采用杜预注。《公羊传》主何休注，《谷梁传》主范宁注，《孝经》主郑注18章本，《论语》主何晏集解。由于《老》、《庄》著作在六朝时十分盛行，因而也被收入，《老子》主王弼注，《庄子》则主郭象注。而《尔雅》是古代最重要的解释语词名物训诂的书，此前注家很多，可以帮助解经，因此也被集录。

在陆德明以前，儒家一般只给经文注音而不给注文注音，所注的经文都录出经文全句。陆德明改变了这一体例，既注经文读音，也给注文加音，各书先校明篇章，然后摘字，校明音义，必要时才录入全句。而作为童蒙读物的《孝经》和传本众多、文字差异较多的《老子》则特别标注全句，同时，他对前代书的注音颇多斟酌，大体都照顾注音者所理解的原书文义来采录读音。凡是典籍中常用，他又认为合理合时的就写在前面，其他勉强有可取之处的音读也一并登录且标明氏姓，以免混乱。这种体例被以后的注音义著作

长期沿用而成为一种范式。其所记音义对考证晋宋以后音韵的变迁和古代词义的转变以及一字多音多义都有很重要的作用，语音学价值尤其值得重视。

《经典释文》综合汉末及魏晋两大学术传统，融南北学风于一炉，为隋唐两代经学的统一开辟了道路。

陆德明及其著作是唐代经学统一的先驱，经学从此进入了一个统一的时代，唐人孔颖达等人编撰《五经正义》正是在陆德明《经典释文》的基础上进行的，统一的经学一度主导着我国的文化和思想，陆德明的这一开创性的作品成就是巨大的，影响是深远的。

镇压江南豪族

隋开皇十年（590 年）十一月，江南豪族举兵叛乱，以前的陈朝境内几乎全都起兵响应谋反，规模大小不一，从数千人到数万人不等。杨坚命令杨素率兵前去镇压，经过一番苦战，终于将叛乱平息下去。

江南从东晋以来的数百年间，世家大族势力日渐膨胀，凌驾于寒门庶族之上，居于统治地位。589 年，隋灭陈后，推行了许多措施，改革江南原有的地方行政系统，合并省州县，撤换原有的地方官吏，委派隋朝官吏查清户口，改革选官制度，废除世族特权。这样削弱了世族的许多权利。

这时，苏威又编写出《五教》一书，要求江南的百姓无论老少都必须诵读，以求教化。民间又谣传隋朝将把江南许多人迁到关内去。于是，江南民情怨愤。590 年十一月，豪族婺州（今浙江金华）汪文进、越州（今浙江绍兴）高智慧、苏州沈玄恮都举兵反叛，自称天子，私自设立文武百官。与此同时，乐安蔡道人、蒋山（今江苏

隋武士俑

江宁）李棱、饶州（江西鄱阳）吴世华、温州沈孝彻、泉州王国庆、杭州杨宝英、交州（今越南河内）李春都举兵响应。

杨坚派遣杨素为行军总管，由杨素带领史万岁、麦铁杖、来护儿等人分海路、陆路、水路3路进攻。杨素率轻骑兵偷袭高智慧大营成功，放火烧营，高智慧从海上逃跑。史万岁率兵2000人翻山越岭，转战一千多里，打了700多仗。后来，杨素又从海路击败王国庆，将高智慧、沈玄、蔡道人等杀死；其余各部都投降。江南豪族叛乱宣告平息。

牛弘上表搜集图书

隋代图书事业很兴盛。

隋朝主持图书事业的领导机构，是承袭自汉末始创、经魏晋南北朝完备起来的秘书省。炀帝时改革官制，秘书省官员官阶提高，人员编制扩大，由原来的38人增加到120人，并邀当时著名学者从事图书事业。

隋代图书是卷轴式纸质墨写的写本书。当时很重视书籍的装帧，图书典藏特色鲜明。

一是将图书按质量分为上、中、下三品，上品用红色琉璃做轴，中品用黑红色琉璃做轴，下品用

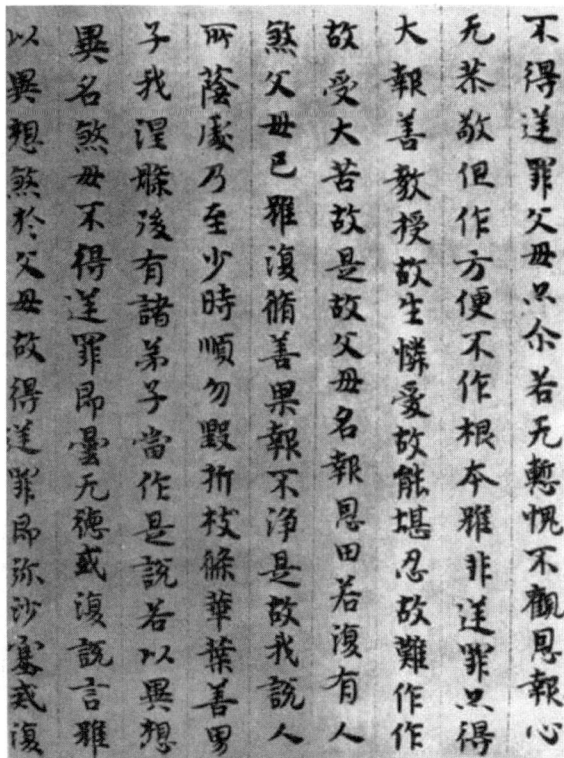

隋代优婆塞经第十卷

隋代观音菩萨立像

黑漆圆木做轴，以区别分藏；一是按图书的内容分库管理，如观文殿前书室，东屋藏经史，西屋藏子集。宝厨藏炀帝手下新编的书，宫廷内还有内道，专门储藏佛经。

隋代私家藏书不发达，但以曾任秘书丞、主持皇家校书工作的许善心藏书最多，藏有"万卷旧书"。

由此可见，隋代的图书事业已很兴盛，并不断走向更加繁荣。在这种历史背景下，产生了隋唐五代图书事业的第一个重要事件——牛弘上表搜集图书。

隋开皇三年（583 年），牛弘鉴于南北朝时期战乱之后，图书损失严重，国家藏书遗逸甚多的情况，给朝廷奏上《请开献书之路表》。在这份表中，牛弘首先提出图书最能"弘宣教导，博通古今""经邦主政，在于典谟"，所以"为国之本，莫此攸先。"说明图书事业，关系着国家的发展，希望能引起统治者的注意。其次，他陈述了隋朝以前，自秦至南北朝时期历次的战火、变乱对图书造成的巨大破坏，即被称为"五厄"的灾的具体情况，第一次系统地阐述了图书事业的发展简史。第三，他向隋文帝阐明，在已达到"土宇迈于三王，民黎盛于两汉"的兴隆之际，国家应"大弘文教"，做到秘府藏书应该达到非常完备的程度，避免国家藏书不全，而民间却有丰富的收藏这种情况的出现，建议国家颁布法令，给私人以小利，达到国家府库藏书超过前代的目的，并强调指出，这是图书事业历经磨难，正值"兴集之期"的不可推卸的重要历史责任。

隋文帝同意牛弘所请，于同年"诏购求遗书于天下"。这样，加上开皇八年（588 年）冬攻陈后所收南方保存的数百年藏书，隋朝皇家图书大增。

史称隋炀帝好学，喜聚逸书，他在位时，图书事业更有发展。当时西京嘉则殿藏书达 37 万卷。经挑选、配补，其中正御书（标准本）亦已达 37000 卷，比牛弘上表时所描述的"今御书单本只有一万五千余卷"，有大幅度的增加。

牛弘上表搜集图书，造成了隋代图书事业的不断繁荣，对后世，尤其对唐代有很大影响。唐初高祖武德年间，继续收购遗书，重加钱帛，数年间，群书略备。太宗时，著名学者令狐德等亦曾"奏请购募遗书"，故唐朝政府继续重视搜集图书，经开元至天宝，使隋末受到损失的图书数量，又有极快增长，已达 8 万余卷，史称"唐之藏书，开元最盛"。

乱世初定

隋政府听任人民出家

据史书记载，佛教传入中国为西汉末年到东汉初年这一段时间，到了隋朝有 500 余年历史。许多统治者都利用宗教来维护其统治权力，但北周武帝却属例外。

574 年，北周武帝宇文邕下诏禁止佛、道二门宗教，摧毁经像，并命令沙门、道士还为俗民，使佛、道两教遭受巨大打击和破坏。杨坚建立隋朝后，极力着手恢复两教，尤其是佛教。他在 581 年十二月下诏：境内的臣民可以随意出家当和尚，又命令全国按人口出钱用以营造寺塔，安排僧侣写经，造佛像，一时全国佛教风靡，民间流传的佛书比儒家《六经》多数十倍。隋炀帝也非常崇尚佛教，曾自称为"菩萨戒弟子"，并拜智𫖮为师。隋朝全国共有僧侣 236，200 人，建立的寺庙有 3985 所，造有佛像 20 余万尊，修造佛塔 100 余座，注经 82 部。

由此可见，佛教文化在隋朝确是盛极一时。

隋代阿弥陀佛坐像

隋代佛五尊造像碑

隋朝

591A.D. 隋开皇十一年

高句丽、吐谷浑、突厥、靺鞨等遣使奉献。

593A.D. 隋开皇十三年

二月，作仁寿宫于岐州普闰县，丁夫死者万数。禁私藏纬候图谶。僧智凯造寺奉关羽，关羽开始被神化。

594A.D. 隋开皇十四年

四月，诏行新乐，禁民间流行音乐。

595A.D. 隋开皇十五年

正月，文帝东巡，祀于泰山。六月，凿底柱以畅河运。

596A.D. 隋开皇十六年

六月，诏工商不得仕进。诏九品以上妻、五品以上妾，夫亡不得改嫁。

597A.D. 隋开皇十七年

以宗女妻突厥突利可汗；都蓝可汗怨怒，渐扰边鄙。高句丽王汤死，子元嗣，拜开府仪同三司、辽东公。天台宗实际创建人智凯去世。

598A.D. 隋开皇十八年

二月，高句丽王元结靺鞨侵扰辽西，大发水陆兵分道击之。九月，击高丽之师无功而还。

599A.D. 隋开皇十九年

二月，突厥内哄，突利可汗奔隋，隋大破达头可汗。十月，以突利可汗为意利珍豆启民可汗，处之于边。

600A.D. 隋开皇二十年

四月，遣将分道击西突厥，大破之。十二月，禁毁佛道神像。

594A.D.

法兰克王国都尔主教格勒戈里卒。格勒戈里约生于540年，著有《法兰克人史》。

日本皇太子及大臣敕建佛寺，于是佛法大盛。

597A.D.

教皇格累戈里遣奥古斯丁率僧侣多人入英格兰布道。

600A.D.

六世纪末止，欧洲各地之日耳曼族俱已接受基督教，"圣徒"遗物之搜求；"圣母"之崇拜及巫术流行。

蛮族与斯拉夫人在欧洲定居，不再迁徙。

二次内插法出现

　　隋代天文学家刘焯（544～610年）在他所编制的历法《皇极历》中创造并应用了等间距二次内插法。因为随着天文观测的进步，东汉时已发现月球的视运动速度是随时间变化。南北朝时又发现了太阳和五星的视运动也不是匀速运动，这对历法中计算合朔、交食的时刻有较大的影响，所以就应运产生了这种更精确的等间距二次内插法。

　　刘焯的等间距二次内插法的数学原理是：设 $f(t)$ 是时间 t 的函数，l 为 T 时间内每个分段的时间，n 为正整数，$o < s < l$。已知 n=1，2，3，……时，$f(nl)$ 的各个对应值，求 $f(nl+s)$ 的值。设 $\triangle_1=f(nl+l)-f(nl)$，$\triangle_2=f(nl+2l)-f(nl+l)$。其公式就相当于：

$$f(nl+s)=f(nl)+\frac{s}{l}\cdot\frac{\triangle_1+\triangle_2}{2}+\frac{s}{l}(\triangle_1-\triangle_2)-\frac{s^2}{2l^2}(\triangle_1-\triangle_2)$$

　　用这个公式求太阳视行度数时，l 为一个节气的时间；求月行度数时，l 为一日的时间。如果在 t=nl 到 t=nl+s^2 的时间内，太阳、月球或五星的视运动是等加速（或等减速）的。虽然上述公式在理论上是正确的，然而实际情况却远比这复杂。刘焯内插公式只能得出 $f(t)$ 的近似值，特别是由于二十四节气并不是等间距的，因此由此得出的数值仍有很大的误差。

　　为了提高历法的精确度，唐朝中期著名天文学家一行以刘焯的成就为基础，在他的著作《大衍历》中创立了不等间距二次内插法。二次内插法的创立，无论在天文学史上还是在数学史上都是极为重要的。内插法使得用多项式逼近各种复杂的函数成为可能，在理论上具有重大价值，成为数值分析的核心内容之一。刘焯、一行的工作对后代的历法研究产生了深远的影响，直到明代《大统历》都用内插法进行计算。而印度于628年使用了等间距二次内插法，晚于刘焯。阿拉伯人在11世纪、欧洲人在17世纪才开始使用内插法。

隋律集南北朝法律大成

　　杨坚即位不久，就命手下人制定新的法律，并于开皇元年十月颁诏施行。后来，隋文帝审阅刑部的奏章，发现每年审理的案件竟有一万多件，他认为这是法律条文过于严厉、容易陷人于犯罪，所以他命令修改法律，废除了死罪八十一条，流放的罪一百五十四条，徒、杖等罪一千多条，最后只留下五百条法律，编成十二卷。这就是《开皇律》。

　　隋文帝制定法律并不拘泥于传统。他采用魏晋乃至北齐北梁法律的长处，对于其中过于重的和过于轻的都舍弃不用。当时的北齐、北梁在政治上都和隋朝敌对，但隋文帝并不因

董美人墓志，隋代正书作品中的杰作。

此抱有什么偏见，而是博取南北各朝、各个民族律学文化的精粹，兼收并蓄，取长补短，在此基础上制定出《开皇律》。《开皇律》的制定，在中国法律文明的发展史上，写下了新的篇章。这部法律不仅成为唐代立法可资借鉴的蓝本，而且从本质上说，其影响远及东亚各国。如果从世界律学发展史上看，《开皇律》比东罗马的《查士丁尼法典》晚了近半个世纪，但它奠定了中华法系的基础，与《查士丁尼法典》遥相呼应，各自代表东西方封建法律的模式，在世界法治史上占有重要地位。《开皇律》集南北朝法律发展的大成，它的

特点是"刑网简要，疏而不失"。《隋书·刑法志》）仅有 12 篇，500 条，一改旧日法律的繁苛之俗。《开皇律》还初步建立起系统的诉讼、刑罚制度，这就是讯囚和五刑制度，《开皇律》还将直接危害封建皇权，违反封建礼法的行为定为"十恶"，严加打击；隋律还将那些维护贵族、官僚的特权的司法原则发展为"议、减、赎、当之法"，为违法犯罪的贵族、官僚提供了系统、稳定的司法保障。所有这些基本上都被唐代法律吸收沿用，进而影响到以后的封建各代法典。可以说，隋文帝制定的《开皇律》，为中国法律文明的发展立下了不朽功勋。

隋炀帝即位之后，将《开皇律》改修成《大业律》，内容并无大的变动，只在体例上稍作更改，也是一部比较好的法律。

隋律在中国法律文明史上上集魏、晋以来南北朝法律之大成，下开唐、宋以后封建历代法律之先河，起着承前启后的作用。

隋造仁寿宫

隋开皇十三年（593 年）二月，隋文帝杨坚命令杨素造仁寿宫。杨坚命令在岐州（今陕西凤翔）之北营建仁寿宫，以杨素监修、宇文恺为检校将作大匠，封德彝为土木监。平山填谷建造宫殿。

工程浩大，役使严酷，丁夫疲惫不堪，死者数以万计。杨素等用尸体填坑坎，上面再盖上土石，筑成平地。开皇十五年（595 年）三月，仁寿宫建成。杨坚先令高颎巡视，高颎奏其奢华，大损人丁。杨坚亲自巡视，当时天气炎热，役夫中许多人因为过度劳累而死，其尸体就陈于道路上，杨素下令全部焚烧掉。杨坚听说后很不高兴。等到了仁寿宫，见宫殿建筑壮丽，楼台亭榭，宛转相连，怒斥杨素说："杨素竭民力为离宫，为吾结怨天下！"第二天，独孤后对杨素说："公知吾夫妇老，无以自娱，盛饰此宫，岂非忠孝！"于是，杨坚不再追究杨素，并赐钱百万，锦绢三千段。

征高丽无功而还

　　隋开皇十八年（598年）二月，隋文帝杨坚发兵30万征高丽，损失惨重，无功而还。

　　隋文帝统一全国后，实行了一系列政治经济措施，社会经济出现繁荣景象，国力强盛，中央集权得到了巩固。边疆少数民族纷纷臣服。高丽也归附了隋朝，隋文帝封高丽王元为上开府仪同三司，袭爵辽东公。高丽也经常遣使朝拜并献方物。

　　开皇十八年（598年）二月，高丽王元率众万余侵扰辽西，被营州总管韦冲击败而走。隋文帝听说后大怒，遂于同月，以汉王谅、王世积并为行军元帅，发水陆兵30万攻击高丽。又以尚书左仆射高颎为汉王长史，周罗睺为水军总管，协调行动。六月

高句丽羲和捧日与常羲捧月壁画

高句丽锻铁制轮壁画

二十七日，诏废黜高丽王元官爵。汉王谅率军出临渝关（今山海关），因水

位上涨，运输受阻，军中缺粮，再之疾疫流行。周罗睺率军自东莱（今山东掖县）出发，渡海赴高丽平壤城，途中遇上大风，风浪将许多船吹翻了，吹走了。无奈，于九月二十一日，两条线路均无功而还，死者十之八九，隋军损失惨重，元气大伤。高丽王元也害怕隋朝强大的国力，于是遣使谢罪，上表称"辽东粪土臣元"，于是隋文帝才罢兵，待高丽和从前一样。百济王昌遣使请求为隋朝当军事向导，协助隋军讨伐高丽。隋文帝不想再兴兵打仗，厚待百济王的使者后，让其返回。但高丽从此以后很怨恨百济。

改立太子

隋开皇二十年（600年）十月，隋文帝杨坚诏废太子勇及其子女为庶人。十一月，立晋王广为太子。

开皇元年（581年），立勇为皇太子，以后军国政令多有参决。勇性情宽厚，率意无矫饰。参决军国政事，决断正确，文帝都采纳。后因张乐受贺，不尚节俭，为文帝及独孤后所忌。晋王广，仪表优雅，性情狡诈，为获取文帝的信任，达到当太子的目的，远女色，礼大臣，绝琴瑟，巧言矫饰，渐渐得到文帝、独孤后欢心。广又与杨素、杨述及宇文述私结同党，买通东宫倖臣及仆婢，监视太子。杨素乘机在文帝面前亟言太子勇无才，晋王孝悌恭俭，且诬陷勇图谋不轨。文帝遂废太子勇及其子女为庶人。高颎因不同意废立被罢官，群臣没人敢再谏。十一月三日，立晋王广为太子。追究东宫的同党，杀史万岁等。勇被囚于东宫，交给广监管。勇多次请见文帝申冤，不得见。等到广继位后，被广矫诏缢杀。

卢思道、薛道衡开唐代诗风

隋代诗歌，是从南北朝向唐诗过渡的最初阶段。全国统一以后，南朝诗人纷纷入北，南北两地诗风也处在合流的状态。隋炀帝杨广，其本人醉心于南朝艳曲，还聚合了一批原属南朝的诗人。他们的宫庭诗歌沿袭了梁陈绮丽浮艳的诗风。

此外，一些原属北朝的诗人，为隋代诗坛带来一些刚健质朴的气息。卢思道和薛道衡的部分诗作即体现了这种诗风的合流趋势。卢思道（约531 ~ 582 年），字子行，范阳（今属河北涿县）人，北齐时，曾任给事黄门侍郎。卢作《从军行》和薛作《豫章行》，采用拟古乐府诗的形式，表现征人、思妇的传统题材，又寄寓了一定的真实感受。在形式上都采用了七言，却比鲍照的七言诗更长，语言也清丽流畅，句法多用对偶，具有早期七言歌行的特色，初步昭示了唐代诗歌语言与格律的发展趋向。《从军行》描写征人思妇的离愁别绪，讽刺武将邀功求赏，是一首较好的边塞诗。薛道衡的代表作《昔昔盐》描写思妇孤独寂寞的心情，其中"暗牖悬蛛网，空梁落燕泥"一联，最为脍炙人口，甚至传说是他引起隋炀帝嫉妒而被杀害的原因。

以突利为启民可汗

隋开皇十九年（599 年）十月二日，隋文帝杨坚以突利为启民可汗。

开皇十七年（597 年），隋将宗女安义公主嫁给突厥突利可汗为妻，并赠给突利厚礼，以离间他和都蓝可汗的关系。都蓝怨恨，常常骚扰隋边境。突利探知其动静，立即派使者报告隋，使隋军有所准备。开皇十九年（599年）二月，都蓝可汗与达头可汗

突厥墓前石人造像。突厥是古代北方游牧民族，好骑善饮。突厥贵族墓前的石人造像亦要刻成一手执剑、一手执杯（或酒壶）的形象。

结盟，合兵袭击突利可汗，大战于长城之下，突利大败，投奔隋朝。四月二日，突利到长安，隋文帝厚待之。时值突厥侵犯边境，隋文帝以高颎为元帅，击败突厥。高想继续追击，派使请兵。有人乱说高颎想谋反，隋文帝于是没有发兵，高颎只好班师回朝。达头可汗又侵犯边境，文帝以杨素为灵州道行军总管，率兵抵御之。达头率骑兵 10 余万，初遇杨素的军队，大败，达头也重伤而逃。十月二日，文帝以突利为"意利珍豆启民可汗"，命于朔州（今山西朔县）筑大利城，让启民在其中居住。当时安义公主已经去世，隋又以义成公主嫁给他为妻。后来因为启民常被都蓝惊扰，又将他们移到黄河以南的夏、胜二州（今陕西靖边县及内蒙古准噶尔旗一带）。十二月四日，都蓝被部下杀害，达头自立为步迦可汗，突厥境内大乱，其手下人纷纷投靠启民，于是北方为启民所控制。

智永书法承前启后

　　隋代南北统一，书法呈现碑帖合流的趋势。东晋"二王"书风，由陈入隋，上下风范，初成规矩。隋代短短的 37 年，奠定了书法史上"上承六代，下启三唐"的重要地位。智永是这一时期承前启后的书法家之一。

　　智永，南朝陈国僧人，书法家，名法报，俗姓王氏。他是王羲之的七世孙，俗号永禅师。《述书赋》载其住绍兴永欣寺。他学书 30 年，秃笔成冢。书以

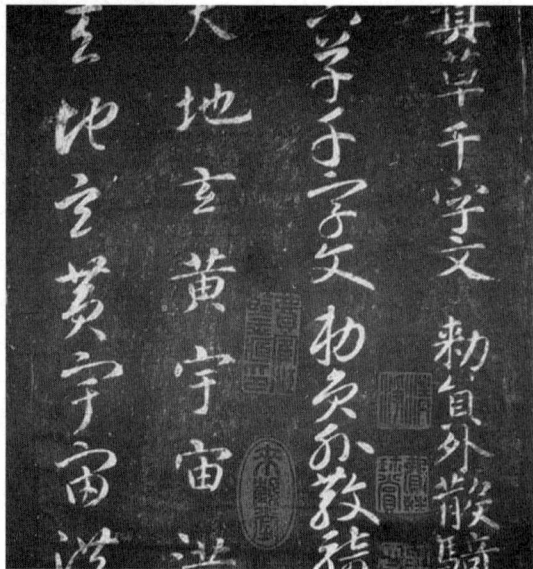

真草千字文（陕刻本）

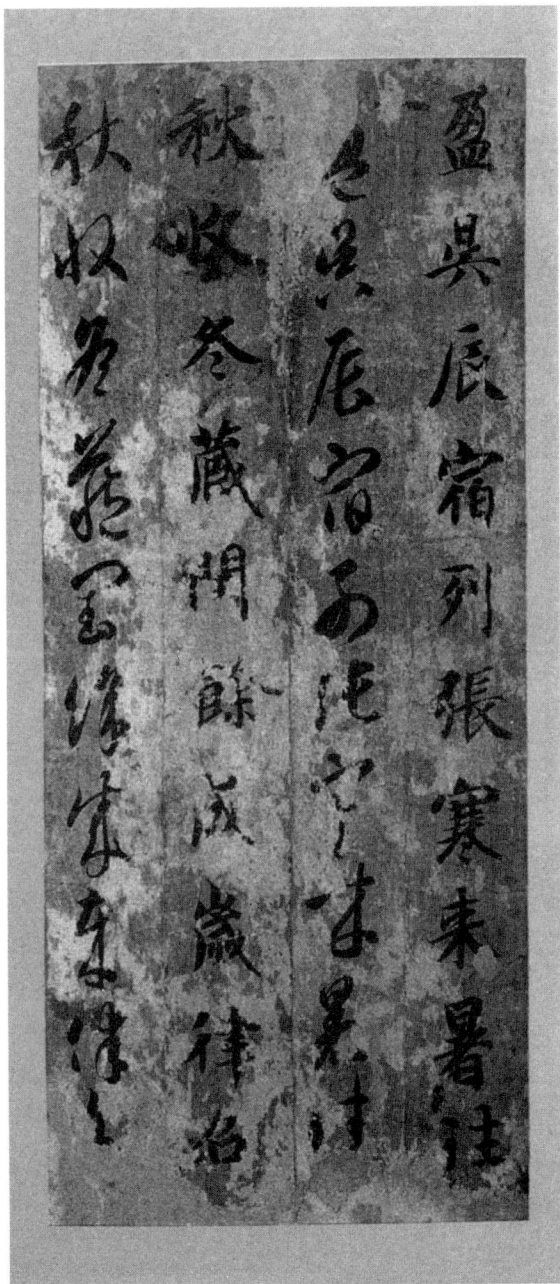

释智永真草千字文

王羲之为师法，笔力纵横，真草兼备，绰有祖风。他隋时书名卓著，据说当时求字者络绎不绝，将他居户门槛踏损，后用铁皮包门槛，人称"铁门限"。

智永曾手写《真草千字文》800余本，分送浙东诸寺。今传墨迹在唐时被日本遣唐使和长安的归化僧视作王羲之遗墨搜之东渡，现由京都小川为次郎收藏，是智永传世的唯一真迹，对了解隋代的书法成就，弥足珍贵。这件墨迹《千文》得王派书法神韵，"真则圆劲古雅，草则丰美匀适"（万寿国《宋拓薛刻本千文题跋》）。其书风正如苏轼所说"精能之至，返照疏淡"。唐代书法家虞世南真草脱形于智永《千文》，智永本人则为这一时期承前启后的关键人物。

中国文字的发展规律是："由简到繁，由繁到简"。从甲骨文、金文发展到大篆，是由简到繁；由大篆到小篆，到隶书、楷书、行书，是由繁到简。智永对中国书法史上所作的重大贡献，就是从古代有隶书笔意的方笔逐步使用了楷书的圆笔，弘扬了"永"字八法，把唐代楷书的基本笔划肯定了下来，使当时民间酝酿已久的书法改革迈进了一大步。

永字八法，是阐述正楷点画用笔的一种方法，其来源旧有张旭说（见《墨池编》）及智永说（见《书苑菁华》）。客观地说，永字八法，应该是智永创始于前，张旭弘扬于后。张旭自己说："自智永禅师过江，楷法随渡。永禅师乃羲、献之孙，得其家法，以授虞世南，虞传陆柬之，陆传其子彦远。彦远，仆之堂舅以授余。"（见《张旭书艺》）《翰林禁经》谓："智永发其旭趣。"由此可见，智永的书法艺术奠定了楷书"永字八法"的基础，在中国书法发展史的大交响曲中，奏出了不可磨灭的序曲。

隋建十二卫

隋文帝即位后，为了加强自己对中央军事机构的直接领导和指挥，便对西魏、北周以来的12大将军之制进行重大改革，建立十二卫。

所谓"十二卫"，即左右卫、左右武卫、左右武侯、左右领左右、左右监门、左右领军。

隋代按盾武士俑

"十二卫"系统既有府兵，又有各种类型的禁兵，所以通称为"禁卫兵"，与西魏、北周时期府兵、禁军自成体系不同；十二卫实际担负宿卫和征战双重任务。宿卫又分为内卫和外卫。左右卫之直阁、直寝、直斋、直后及其所统三卫（亲卫、勋卫、翊卫）属内卫；左右领之中备身、备身左右，左右武侯所掌车驾护从、道路营禁等主要也是内卫。其他则为外卫。担任内卫任务的将士统称内军，担任外卫任务的则称外军。府兵中充任内卫的少，作外卫的占多数。

每卫统率一军，设置大将军一人，将军二人，下辖骠骑府、车骑府，分别设骠骑将军、车骑将军；再下面又设大都督、帅都督、都督，这样形成了统一的指挥管理系统。而十二卫大将军、将军及骠骑将军、车骑将军在编制数额上比北周时期相对增多，但品级降低了，各将军的权力也削弱了、分散了。另外，又将北周时期掌握军队实权的上柱国、柱国等职务改为荣誉称号，授予有功之人，剥夺其实际权力。这样十二卫的统率指挥完全由皇帝掌握。

十二卫的职责各有所掌，主要分工如下：左右卫是皇帝的内卫，主要负责宫廷禁御，督率仗卫；左右武卫负责外军宿卫；左右武侯，则主要负责皇帝护从，掌车驾出，先驱后殿，昼夜巡察，执捕奸非，烽侯道路，水草所置，巡狩师田，则掌其营禁；左右领左右主要负责侍卫左右，供御兵仗；左右监门负责宫廷门禁、警卫；左右领军则分别管理十二军籍帐、差料、辞讼事务。

战时，则由皇帝任命行军元帅或行军总管为最高指挥官，组成相应的机构，实施统一指挥。一旦战争结束，即行解散。

十二卫的建立加强了皇帝对军队的控制，也促进了中央集权国家的稳固。

麦积山石窟群鼎盛

麦积山石窟在北魏北周时全面兴建，到隋唐五代便进入鼎盛时期。581年，隋文帝杨坚建立隋王朝，统一中国。从这一年开始，隋文帝就大力提倡佛教，诏令天下，鼓励出家修行，按人口摊派出钱营造经象，民间佛经数量超过六经数十倍。在其统治的二十年内，全国制作的佛像达十余万尊，修饰的佛像约一百五十万尊。在这股风气下，麦积山石窟也开始进入其鼎盛期。

麦积山东崖上的隋代泥塑大佛

乱世初定

　　石窟艺术是由建筑、绘画和雕塑组成的综合体，麦积山石窟因石质不是十分坚硬的砂岩，因此，大多石窟内以绘塑相结合，其中壁画作为重要组成部分，有着它自身的特殊作用和魅力。隋代时在麦积山石窟绘制的壁画数量相对来讲不是很多，但是绘制都很精巧，技法也十分纯熟，尤其是在佛和菩萨以及供养人的描绘上，更多地注意到人物情韵的刻画，飞天翱翔于碧空之中，健美潇洒，宛若游龙；显得活泼自然，富有生活气息；奔马驰骋于天际流云中，气氛热烈而紧张。用线熟练，色彩绚丽，显示出高超的水平。同雕塑绘画一样上承南北朝时期的成就而同时又发展到一个更具有中华民族特色的新阶段，开启了隋唐文化新风，为唐时期佛教艺术更进一步民族化奠定了坚实的基础。

　　唐代在我国封建社会，是一个伟大而辉煌的时代。随着国家政权的巩固，经济的发展，文化艺术进入了一个光辉灿烂的时代，佛教绘画雕塑，也进入了一个非常繁盛的时期。无论是寺塔、道观，还是石窟祠庙，大多以精美的雕塑、绘画为装饰。这时麦积山石窟壁画虽然没有辉煌庄严的经变画，也缺乏引人入胜的佛教故事画，然而它们以小巧玲珑、自然活泼、富有情趣的民间风貌出现，从而为人们所喜爱。壁画中女供养人身躯颀长，秀丽端庄，丰姿绰约，雍容华贵，一派"柔姿绰态尽幽闲之雅容"的气概。菩萨健美丰满，曲眉秀目。这种"曲眉丰颊""肌胜于骨"的优美形象，体现了唐代生活中美感的要求。在雕塑中，唐代也出现了世俗化倾向。佛与菩萨庄重含蓄，肌体丰满，落落大方。尤其是"菩萨如宫娃"，雕刻得很写实，很优美。身体起伏丰富，丝纹流畅，动势刻画入微，风格柔和。这种把神佛菩萨形象进一步民族化和世俗化的特点，反映了唐代雕塑、绘画艺术的发展和演进。

　　五代十国时期，地处沙西的瓜、沙二州相对稳定，佛教雕塑和绘画仍继续发展。这一时期麦积山石窟数量虽不多，但仍继承了唐代优秀的雕塑、绘画传统，并又有创新，在对人物性格的刻画上，还是取得了比较突出的成就。

　　由上来看，唐代麦积山石窟进入了一个新时期，但是它以隋代为序，以五代为余波，可以相对地将这一段划归一个时期。它是麦积山石窟的第二个高潮期，也是麦积山石窟的鼎盛期。当时佛教雕塑和绘画数量很多，内容十分丰富，从一个侧面反映了唐代石窟绘画艺术的高超水平。麦积山石窟中的隋唐五代壁画和雕塑在我国石窟艺术的发展进程中占有非常重要的地位，它对中原地区石窟艺术的发展也曾经起过巨大的不可磨灭的作用，对研究那一段的社会史、宗教和艺术的发展史及中外经济、文化交流史等方面，都具有重要的价值。

智凯奠定天台宗

隋开皇十七年（597年），天台宗创始人智凯去世。他创立的天台宗，是隋唐时期具有代表性的佛教门派之一。

天台宗作为中国佛教的主要宗派，在隋唐时期由天台宗四祖智凯创立。因智凯常住浙江天台山而得名，又因天台宗以《法华经》作为其教义的主要

国清寺大雄宝殿

乱世初定

天台山国清寺隋塔

依据，所以又称"法华宗"。

智凯（536～597年），俗姓陈，字德安，荆州华容人。他出身于南朝大官僚家庭，父母在梁末侯景之乱时死去。智凯18岁出家，到大苏山投于慧思门下修炼禅法，后证悟法华三昧。陈光大元年（567年）去金陵讲《法华经》，博得僧徒与官僚的敬佩。陈太建七年（575年）率弟子入天台山建寺，修头陀行，天台宗由此建立。

天台宗源于南北朝，那时作为一学派而存在，慧文和慧思是天台宗的思想先驱，被尊为二祖、三祖。根据佛教史资料，天台宗的渊源关系是：龙树……慧文—慧思—智凯—灌顶—智威—玄仰—湛然—道邃—广修—物外……因为天台宗重视大乘空宗理论，所以尊印度僧人龙树为其始祖。

天台宗的理论特征是强调"止观并重"，主张南北佛教学风融合。汉代佛法初传时，南北方佛教形成不同的风格，南方侧重义理，北方侧重禅定。南北朝时期政治、军事、经济的对峙则巩固了南北方不同的学风倾向。隋的统一为南北佛教的融合提供了有利条件。智凯在这种情况下提出禅义双修、止观并重的原则，要求僧徒既注重禅定修炼，又注重对佛学义理的研究，把止观并重作为宗教修养的最高原则。

隋唐时期各宗派都建立自己的判教体系。判教是佛教徒根据各宗派自己的观点，对所有经典和理论著作加以系统的批判整理、重新安排评估的一种方法。天台宗试图通过判教将以前的宗教理论内在地统一起来，提出"五时"、"八教"的判教体系。"五时"指华严时、鹿苑时、方等时、般若时、法华时。法华时是对佛教基础最深的听众讲的。《法华经》描绘的是佛教最高境界，所以天台宗将《法华宗》奉为最高经典。"八教"可分为化法四教（藏、通、别圆）和化仪四教（顿、渐、秘密、不定）。强调佛对不同水平的听众采取不同的传道方法，从而对不同宗派的修行方法进行概括。

智凯发展空宗的中观思想，提出一念三千、三谛圆融的说法，代表天台宗的世界观。智凯以后的湛然是唐代中叶天台宗的中兴大师，他提出的"无情有性"说影响很广。天台宗理论建树非常丰厚，智凯所著《法华经玄义》、《法华经文句》、《摩诃止观》被称为天台三大部。此后的历代宗师都有理论著述。

天台宗源于南北朝，创于隋，盛于初唐，智凯一生造大寺35所，度僧人40000，传业弟子32，使天台宗成为社会上颇为壮观的一大宗派。后来随着唯识、华严、禅宗的兴起影响力下降。

展子虔发展山水画

展子虔，生卒年不详，渤海（今山东省）人。约活动于6世纪后半叶，历北齐、北周，在隋任朝散大夫、帐内都督等职。擅长绘画，创作范围广泛，善画台阁、人物、鞍马、佛道、车舆、宫苑、翎毛、历史故实等。其足迹遍及大江南北，在洛阳、西安、扬州及浙江等地的寺观中作菩萨等壁画。所画物象，生动而富有情趣，颇为时人所重，与其时另一名画家董伯仁齐名，有"董展"之称。展绘画善于创新，人物描法甚细，以色晕开面，善用紧密的线条，把所绘对象的性格特征和神态面貌表现得栩栩如生，为唐代人物画法开辟途径。画马注重描绘马的动态，所绘之马立者有走势，卧者则腹有起跃势。

展子虔影响最大的为山水画，传世《游春图》是现存古代山水画的重要作品，也是迄今所保存的最早的卷轴山水画。现藏故宫博物院，画长80.5厘米，宽43厘米，绢本，青绿设色，卷前题鉴为宋徽宗赵佶手书"展子虔游春图"。画面上，阳春三月、绿树红花、青山水碧的郊野中，贵族、仕女泛舟骑马，踏青赏春，景色极为优美。展子虔通过圆劲的线条和浓丽的青绿色彩

乱世初定

隋展子虔《游春图》。此图卷历来被视为中国山水画发展中一幅划时代的作品。卷长80.5厘米，高43厘米。画中春山平湖，游骑游艇，花树繁密，以山水作为构图的本体，人马、山树比例适宜，花草服饰随类敷彩，呈现富丽典雅的古拙美。这种画法，至唐代发展为青绿山水画法。

描绘了上述图景。在画面的空间处理上，改变了过去人大于山、水不容泛、林不排列的比例失调状况，尤其在描绘湖水微波、广阔深远方面，颇为成功。在表现技法上，先把山川屋宇的轮廓用墨线勾出，再填敷青绿色彩，然后用深色重加勾勒。树木、人物则直接用色点出，虽然形体较小，但亦生动有致。画面整体色彩典雅，富于装饰感。

展子虔在山水画上所达到的成就及绘画方法，为唐画家李思训父子所取法，后世誉为唐画之祖。

吉藏立三论宗

隋代时，吉藏创立三论宗。三论宗因据印度龙树《中论》、《十二门论》和提婆《百论》三部论典创宗而得名。三论宗是隋唐时佛教宗派之一，因其阐扬"一切皆空"、"诸法性空"又名空宗或法性宗。吉藏（549～623年）俗姓安，原安息人，生于南朝梁武帝太清三年，幼年时见过著名佛经翻译家真谛，真谛为他改名"吉藏"。吉藏7岁出家，19岁开始讲经。隋定江南后赴越州住嘉祥寺，人称"嘉祥大师"。后来隋炀帝请吉藏住长安日严寺，他遂在此地宣扬佛法，注释《中论》、《百论》、《十二门论》而创三论宗。

　　三论宗的创立可追溯到西秦时代，当时鸠摩罗什来华传法，主要弘传印度大乘空宗的佛理。罗什的弟子中，僧肇最精通般若空观。僧肇以后长安连年战乱，三论之学遂由僧朗传入南方。僧朗在摄山栖霞寺弘法，使三论学重振声威。摄山的二代大师僧诠在止观寺继续讲三论学，门徒有数百人，三论宗初具规模。僧诠以后，其弟子法朗在陈武帝永定二年（558年）奉敕入京，弘扬三论20余年，听者数千，门人遍及全国。法朗门下知名者25人，其中吉藏尤将三论宗发扬光大，使三论宗在隋代成为一大宗派。三论宗尊印度数位大乘空宗的谛造者为其师祖，他们的渊源为：龙树—提婆—罗睺罗—青目—须利耶苏摩—鸠摩罗什—僧肇—僧朗—僧诠—法朗—吉藏。

　　三论宗师承印度大乘空宗之学，弘扬诸法性空的中道实相论。吉藏立破邪显正、真俗二谛、八不中道三种法义来说明空宗的学埋。破邪显正说主张破除对诸法实有的执着，破除一切离别情见，破除对空、有以及涅槃境界的偏执，以无碍正观体悟中道。真俗二谛论认为中道虽"毕竟空"，但可以通过言教来显现它。真、俗二谛都是引导众生悟道的言教，是一种方便的说法，依照俗谛为执着"空"的人说"有"，依照真谛为执着"有"的人说"空"，使偏执一端的人体会超越空、有，言不及、意路不到的诸法实相。所以，真俗二谛倡言教二谛而不是理境二谛。三论宗依《中论》所列不生、不死、不一、不异、不常、不断、不来、不出的八法门说明中道义，叫八不中道，以破除众生在任何方面的偏执，体悟诸法缘起性空不生不无、不常不断、不一不异、不来不出的中道实相。

　　吉藏以后三论宗很快衰落。吉藏门下的高丽僧人慧灌将三论宗传到日本，三论宗曾在日本奈良时代甚为流行。

何稠新创制玻璃法

西汉丝绸之路开通以后，大月氏国的商人把玻璃器皿和烧造玻璃的方法带到了中原地区。但到隋朝，大月氏商人传授的烧造玻璃之法已经失传。于是，重新研制玻璃制造的重任落在了擅长机巧制作的擢监何稠身上。何稠以极大的勇气凭着多年的经验和锲而不舍的刻苦探索，先后深入研究了烧制陶器、琉璃等工艺，均未成功，后从绿瓷的特殊烧制工艺中受到启示，又将琉璃作以改进，发明了吹制法。至此，新的玻璃烧制法诞生了。后人称这种方法为"何稠新创制玻璃法"。

何稠初创烧制玻璃，玻璃质地还相当不纯。陕西西安隋李静训墓出土了浅绿色玻璃瓶、罐、杯、珠、卵形器等，其中以吹制法制成的罐及卵形器等

隋玻璃带盖小罐

玻璃器，其浅绿色半透明的玻璃质感，类似于当时的北方青釉，其特征与何稠借烧绿瓷之法制作玻璃相类似，这批成份各异的玻璃器，当是我国自制玻璃。

用何稠新法吹制的玻璃在唐代已有大进步，品质已有较大提高。陕西三原、甘肃泾川、黑龙江宁安、辽宁朝阳等地都曾零星出土了一些唐代玻璃器，但数量甚少，且含铅量极高，最高竟达68.51%，属于高铅玻璃。三原出土的玻璃瓶，含铅46.65%，含钠10%，属于钠铅玻璃。1985年5月陕西临潼唐代塔基出土的玻璃果、玻璃瓶等，其形制皆为中国传统式样，采用吹制法制成。尤其玻璃呈浅绿、浅黄色，半透明，器壁极薄，制作技艺高超。

何稠吹制玻璃法对后世玻璃器的制造产生了极大影响，也奠定了现代玻璃吹制法的基础。

隋玻璃戒指

隋玻璃杯

隋玻璃瓶

隋朝

601 ~ 610A.D.

602A.D. 隋仁寿二年

《切韵》编成。

603A.D. 隋仁寿三年

突厥大乱，步迦可汗奔吐谷浑，铁勒、仆骨等十余部皆降于启民可汗。

604A.D. 隋仁寿四年

七月，文帝为皇太子广所害。广即位，是为炀皇帝。八月，汉王谅起兵以讨杨素为名，旋败。

605A.D. 隋炀帝杨广大业元年

三月，营建东京，月役200万人，又营建显仁宫，征奇花、异石、珍禽、奇兽实园苑。发民百余万开通济渠；又发民十余万开邗沟；自长安至江都，置离宫四十余所。五月，筑西苑，周二百里，穷极壮丽。八月，炀帝赴江都，循水路，舳舻相接二百余里。是岁，西突厥大乱。

606A.D. 隋大业二年

置洛口仓，容二千余万石。十二月，置回洛仓，容二百余万石。

607A.D. 隋大业三年

正月，突厥启民可汗朝见。四月，颁新律。五月，发河北十余郡丁男凿太行山，达于并州。七月，发丁男百余万筑长城，西起榆林，东至紫河，二旬而毕，死者十有五六。

日本遣小野妹子等使隋。

608A.D. 隋大业四年

正月，发河北男女百余万凿永济渠。七月，发丁男二十万筑长城，自榆谷而东。隋使裴世清与小野妹子偕至日本。再遣小野妹子等使隋。

609A.D. 隋大业五年

五月，遣将四道围吐谷浑。

610A.D. 隋大业六年

正月，有数十人素冠练衣，焚香持花，自称弥勒佛，入自建国门，图起事，皆被杀，连坐者千余家。三月，炀帝至江都。十二月，穿江南河，自京至余杭八百余里。大运河全部完成。

603A.D.

波斯与拜占廷帝国间的战争又起。此次战争延续二十余年，波斯先胜后败，终致灭亡。

610A.D.

穆罕默德约自此时起在戚友之间开始传教。

杨素权被剥夺

　　隋文帝仁寿二年（602年）十二月，杨坚下令尚书左仆射杨素只理大事。外示优崇，实夺其权。

　　杨素（？～606年），字处道，弘农华阴（今属陕西）人，士族出身。北周武帝时任司城大夫等职。隋文帝杨坚灭陈时，他率水军从三峡东下，因

隋代文吏俑

053

功封越国公。开皇十年（590 年），镇压荆州和江南各地的反隋势力。后又亲率大军多次平定突厥对北部边境的骚扰。功绩昭著，被拜为尚书左仆射。杨素因受隋文帝的信任，权倾一时。其家人也沾他的光，皆位居高官，其弟杨约及叔父杨文思、杨文纪、族父杨忌并为尚书、列卿，诸子无汗马功劳，位至柱国、刺史；广营资产，自京师及各地大都市，邸店、碾、好的田宅，不可胜数；家僮数千人，后庭妓妾以千计。开皇二十年（600 年），太子勇失宠于文帝、独孤后，晋王广图谋夺太子的位置，私下交结党羽，杨素协助广废太子及蜀王。这以后，杨素的权威愈加强盛。朝臣中有意见不同的，竟至诛夷；有附会他及他的亲戚，虽无才能，必加以提拔，名将名臣如贺若弼、史万岁、李纲等，都被暗加中伤。一时间朝廷靡然，没有不害怕杨素的。只有兵部尚书柳述、大理寺卿梁毗敢与之抗衡。仁寿二年（602 年），梁毗见杨素专权，担心他会成为国家的祸患，于是上书文帝，论及此事。文帝读罢，大怒，将梁毗下狱，并亲自责问他。梁毗极言"杨素专宠弄权，将领之处，杀戮无道"等等。文帝于是释放了他。这以后，文帝渐渐疏忌杨素。于同年，敕："仆射国之宰辅，不可躬亲细务，但三五日一向省，评论大事。"实夺杨素之权。在文帝统治的最后几年，杨素不再通报省事。杨广登基后，对杨素也是外示殊礼，内情甚薄。

杨广杀父自立

隋仁寿四年（604 年）七月，杨广杀父自立。

隋文帝杨坚(541 ~ 604 年)代周称帝，建立隋朝后，进行了政治、经济改革，完成了统一大业。开皇初民户不满 400 万，仁寿未超过 890 万。但杨坚性多猜忌，功臣故旧无始终保全者，甚至自己的儿子，都象是仇敌。他听信谗言，废太子勇，立杨广为太子，从而酿成大错。

仁寿四年（604 年）正月，文帝到仁寿宫，诏赏赐支度，事无巨细，并付太子广。四月卧病，七月病危，十日，睡在床上和群臣诀别。当时杨素、柳述、元岩等人都入宫侍疾，召太子广入居大宝殿。杨广怕文帝有新的考虑，急不可待地给杨素写信，谋划继位。但是杨素的回信被宫人误送到文帝手中，

弑父称帝后的杨广

文帝大怒。同时，文帝还发现杨广在宫里要奸污他的宠妾宣华夫人。文帝这才下决心废掉太子广，于是令柳述、元岩召回故太子勇，准备让他继承皇位。杨素得知这一消息，立即报告杨广，杨广马上伪造圣旨，逮捕柳述和元岩，把自己的心腹派到宫里，宫门由他的亲信宇文述等控制，将后宫的人遣往别处。待一切布置妥当，杨广派张衡进宫，十三日杀死父亲文帝，"血溅屏风，冤痛之声闻于外"。二十一日，杨广即皇帝位，是为隋炀帝。同时派杨素弟杨约入长安，矫称文帝诏书，赐故太子勇死，缢杀之。

　　杨广于 604 ~ 618 年在位。即位后营建东都洛阳，大兴土木，修建宫殿和西苑。并开掘运河，修筑长城，开辟驰道。劳民伤财，严重破坏生产。再加征敛苛虐，兵役繁重，人民受到深重灾难。从 611 年起各地农民不断起义，隋朝土崩瓦解，后在江都（今江苏扬州）被禁军将领宇文化及等缢杀。

杨广谋废蜀王秀

　　隋仁寿二年（602 年）十二月，蜀王秀被废为庶人。

　　蜀王秀是隋文帝杨坚第四子，胆略过人，好武艺。开皇元年（581 年），封为越王。不久，转封于蜀，拜柱国、益州刺史、总管、24 州诸军事。开皇二年（582 年），进位上柱国、西南道行台尚书令、本官如故。开皇十二年（592 年），为内史令、右领军大将军。不久再次出镇蜀。开皇二十年（600 年），杨坚废太子勇，立晋王广为太子，秀心甚不平。杨广怕他终为祸患，暗地让杨素寻找他的罪过。杨素在杨坚面前进谗言，杨坚征秀回京。秀心里疑惧，于是以病辞行。总管司马源师亦切谏其回京，朝廷怕他发动兵变，于是以原州总管独孤楷为益州总管。仁寿二年（602 年），秀回京师，杨坚派人责问他。同时，又命令杨素、苏威、牛弘等查问他浪费财物、蠹害民生之事。杨广又做一偶人，令人密埋于华山下。偶人缚手钉心，上写杨坚和汉王的姓名，又让杨素发现它。又做檄文："逆臣贼子，专弄权柄，陛下唯守虚器，一无所知"；"指期间

隋青釉武士俑

罪等等"。放在秀的文集中,并报告杨坚。杨坚大怒,于是,仁寿二年(602年)十二月,废秀为庶人,囚禁在内侍省,不能与妻子相见。连坐者百余人。

汉王谅起兵反杨广

隋仁寿四年(604年)八月,汉王谅起兵反杨广。杨广派杨素率军平息之。

汉王谅是隋文帝杨坚第5子,颇受杨坚宠爱。杨坚命其为并州总管,自太行山以东,至于沧海,南距黄河,52州都归其管辖,且拥有精兵。杨坚特许他便宜从事,不拘律令。到开皇二十年(600年),太子勇因谗言被废,谅常常怏怏不乐。后来看见蜀王秀也得罪被免,心里更是惶恐不安。于是借防范突厥,发工役,大修武备,招募人马约数万人。谅常想起兵,其谘议参军王頍及陈氏旧将萧摩诃赞成他的想法。仁寿四年(604年)七月,杨坚死后,杨广派车骑将军屈突通携杨坚玺书召谅入朝。谅与杨坚曾有约在先,如果有玺书召其入朝,敕字旁另加一点,还要与玉麟符相合。而屈突通所带玺书无验,谅知其有变。仁寿四年(604年)八月,汉王谅以讨杨素为名起兵。总管司马皇甫诞切谏,谅不听。随之起兵的有19州。王頍及总管府兵曹裴文等均劝谅直指京师,谅遂以大军分赴占领河阳、黎阳等地,向长安进军。杨广以杨素为并州道行军总管、河北道安抚大使,率众数万讨谅,以前江州刺史李子雄为大将军,拜广州刺史,发幽州兵3万会击。杨素率轻骑5000偷袭谅军,攻下蒲州,然后将兵数万进讨,谅兵力不及,不听部将劝谏,加之气候不佳,被杨素军大破,退守晋阳,杨素进兵围之,谅无奈,请求投降,余众全部被平息。群臣上奏汉王谅应当被处死,杨广不同意,将他除名为民,绝其属籍,谅最后幽禁而死。谅属下的吏民受谅牵连而被处死和迁徙的有20余万家。

隋白瓷鸡首壶

隋代捧罐女俑。女俑双手捧一小罐，恭谨而立，似在等候主人的吩咐，为一
侍女形象。

宣华夫人事父子

隋代，宣华夫人陈氏先后侍奉文帝杨坚、炀帝杨广父子二人。

宣华夫人陈氏是陈宣帝顼的女儿。隋开皇九年（589年），隋灭陈后，陈氏被配入掖庭，后又被选入宫廷为文帝嫔妃。独孤后在世时，陈氏就得宠于文帝。晋王杨广为了篡夺皇位，用尽各种手段献媚陈氏，以陈氏为内应，陈氏也对杨广的篡权助过一臂之力。独孤后死后，陈氏被进封为贵人，更加得到文帝的宠爱，后宫六院没人能和她比。文帝患病时，下诏拜陈氏为宣华夫人。仁寿四年，文帝卧病后，住在仁寿宫，陈氏与已为太子的杨广同时侍奉，此时杨广就对陈氏非礼，并要在宫里奸污陈氏，文帝得知后痛骂杨广说："畜生何足付大事！"便想召回废太子勇，颇有再立之意。后来，杨广杀父继位。文帝刚死，杨广就派人给陈氏送去一金盒子，并亲署封条，陈氏误以为杨广要鸩杀自己，惶惑不敢开启。其实里面是数枚同心结。自此以后，陈氏又开始侍奉文帝的儿子炀帝。

隋炀帝营建东京

隋仁寿四年（604年）十一月，隋炀帝杨广令于伊洛（今洛阳）营建东京。

隋炀帝营建东京洛阳，是有其多方面的考虑的：从政治上看，是为了便于对关东和江南地区的控制；从经济上看，是因关中物资足以供应统一后隋朝中央政府所需，洛阳地位适中，转运财货比较便利，路程也远比长安缩短；并且自北魏孝文帝以来，曾定都于此，经济发展和商业繁荣都有了一定的基础。

炀帝继位后，下诏说：汉王谅起兵，山东州县一度沦陷，实由"关河悬远，兵不赴急"。又说"况复南服遐远（指陈朝故地），东夏殷大（指北齐故地），因机顺动，今也其时。"并亲自来到洛阳。大业元年（605年）三月，炀帝任命尚书令杨素为营建东京大监，纳言杨达、将作大匠宇文恺为副监，开展了

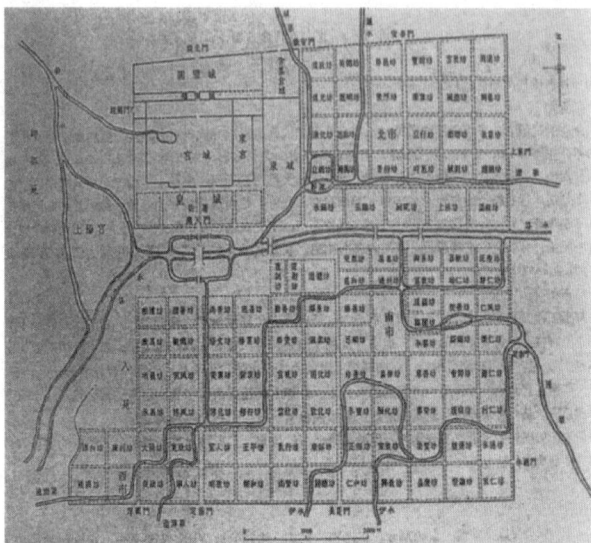

隋洛阳城平面图

大规模的营建工程。

　　营建中，每月役使丁夫 200 万人，规模浩大，工程严急，役丁因劳役而死者十之四五，载尸车相望于道。江南诸州往东京送大木，千里不绝。经过约一年时间，到大业二年（606 年）初建成。并命洛州居民及诸州富商大贾数万迁居新都。东京城周长 55 里，建制仿西京长安，城分宫城、皇城及外郭城三重。宫城是宫殿所在处，皇城是文武官司所在处，外郭城就是大城或称罗城，是官吏私宅和百姓所在处。外郭城在洛水以南有 96 坊，以北有 36 坊，并设置东、南、北三市。在东都西面还建有西苑，周长 200 里，苑中有海，海中建蓬莱等三山，堂殿楼观，穷极华丽。同时，炀帝还令宇文恺、封德彝等营建显仁宫。发大江以南、五岭以北奇材异石，运抵洛阳；又求海内嘉木异草，珍禽奇兽，以实园苑。为保证东京的供应，大业二年（606 年），炀帝下令在东京附近新置了兴洛及回洛 2 个大粮仓，储粮几十万石。建成后的东都，不但具有重要战略意义，而且成为全国除西京长安外又一政治、经济、文化中心及南北交通的枢纽，和长安并称二都。

隋代开始凿运河·沟通南北交通

隋大业元年（605 年），开始凿运河。

隋朝为了巩固政权和统一的局面，在政治上要进一步控制新统一的东南地区，加强对南方的统治；在军事上在东北部涿郡（今北京）建立据点，要把军需物资输送到北方；在经济上，隋朝在长安和洛阳等地区集中了大量的官吏和军队，需要充足的粮食供应。如何解决南粮北运，是隋王朝急待解决的问题。利用天然河流和旧有渠道，开凿横贯诸水、贯通南北的运河，是当时解决上述问题的好办法。当然隋炀帝开运河还有他怀恋江都（今江苏扬州）的繁华，想去巡游享乐的个人动机。

隋朝大运河的开凿始于隋文帝时代，当时引渭水从大兴城（即长安城）

至今仍在发挥作用的无锡运河穿城而过，河上舟楫往来，一片繁荣景象。

乱世初定

古运河上石柱

杭州古运河的第一桥——拱辰桥

扬州段运河

到达潼关，长达 300 里，名广通渠。隋炀帝修建的大运河，工程分 4 段进行。大业元年（605 年），隋炀帝征发江南、淮北 100 多万民工，在北方修通济渠，从洛阳西苑通到淮河边的山阳（今江苏淮安）。同年，又征发淮南十几万劳动力，把山阳邗沟加以疏通扩大。大约用了半年的时间，一条宽 40 步的运河——邗沟修成了。河的两岸修筑成御道，沿路榆柳夹道，又是陆路交通线。接着，从通济渠向北延伸。大业四年（608 年），征发河北民工 100 多万人开永济渠。这条河主要利用沁水的河道，南接黄河，北通涿郡。大业六年（610 年），在长江以南开了一条江南河，从京口（今江苏镇江）引江水穿过太湖流域，直达钱塘江边的余杭（今浙江杭州）。前后用了不到 6 年的时间，大运河的全线工程告成。

隋朝大运河沟通了海河、黄河、淮河、长江、钱塘江 5 大河流。它以东京洛阳为中心，西通关中盆地，北抵华北平原，南达太湖流域，通航的范围大大超过以往。这条大运河长达 4.8 千里，是世界上伟大的工程之一。

隋炀帝开运河给人民带来了沉重的负担和巨大的灾难。大量民工死在工地上，千百万人民妻离子散，家破人亡。但是，大运河修成后，南北交通有显著的改进，它成了南北交通的大动脉，加强了南北的联系，对于我国经济文化的发展起了很大作用。

隋炀帝大兴土木

隋炀帝继位后，从大业元年（605 年）开始，就大兴土木，修建宫殿。并开掘运河，修筑长城，开辟驰道。

隋炀帝为了满足其骄奢淫逸的生活，大业元年（605 年）五月，在东京洛阳西郊建造了大花园西苑。西苑周围 200 里，苑内挖了人工湖，名曰积翠池，周围 10 余里，池中有蓬莱、方丈、瀛州 3 座山，3 座山各相距 300 步，高出水面 10 余丈。在山上山下建筑回廊和各式亭台楼阁。积翠池的北岸有龙鳞渠，迂回曲折流入池里。沿龙鳞渠建筑了长春、永乐、延光、明修、合香、承华、

敦煌隋代时期彩塑一铺。彩塑上的青、绿纹饰，洁白的肤色，同壁画上的红基调形成对比，形成热烈灿烂的效果。

凝晖、丽景、飞英、流芳、耀仪、结绮、百福、万善、清暑等16院，每院由1位四品夫人管理。在各个院内，一年四季花木常青，秋冬草木凋谢以后，则剪锦彩为花叶。为了防止锦彩退色，随时要调换新花，保持春夏秋冬都有供玩赏的景物。隋炀帝喜好夜游，经常在月夜携带宫女数千人游西苑，令宫女在马上表演，弦歌达旦。16院也互相竞争，以求得到炀帝的欢心。

炀帝为漕运、军事及游乐，从大业元年至六年（605～610年），前后发动几百万人，利用天然河道及旧有渠道，开凿了1条以洛阳为中心，纵贯南北，长4000～5000里的大运河。作为运河主体的通济渠，宽40步，以通龙舟，沿渠筑御道，植柳树，自洛阳至江都2000余里，柳荫相交。每2驿置1离宫，为沿途停顿之所，自洛阳至江都，离宫40余所。

大业二年（606年）二月，炀帝诏牛弘等仪定舆服、仪卫制度，令何稠营造。何稠博览图籍，参会古今，所制辂辇车舆，百官仪服，务求华丽，以称炀帝意。羽仪所需羽毛令州县送来，以至水陆遍布罗网，羽毛能用的禽兽都被捕杀殆尽。这次营造，用役工20万人，耗资以亿万计。炀帝每一次出游，羽仪填街溢

隋代犊车。此车车篷为弧形，车厢建于车轴上，后有软帘。牛头上抬，翘起的两角向内弯成弧形。牛腿短粗，浑圆的腹部几乎垂地，显示了牛的肥硕劲壮。整个造型写实而生动。车式豪华，当为显宦之家所用，反映了墓主生前的生活。

路，绵延 20 余里。四月，制五品以上文官乘车，在朝弁服佩玉，武官马加珂，戴帻，服褶。文武之盛，前所未有。

大业三年（607 年）五月，炀帝为了北巡，征调河北 10 余郡丁男凿太行山达于并州（今山西太原西北），以通驰道。又"举国就役"，从榆林北境，东达于蓟（今北京市），开广百步、长 3000 里的驰道。

大业三年（607年）七月，炀帝发丁男百余万筑长城，西起榆林（今内蒙古准格尔旗东北十二连城），东至紫河（今内蒙古南部、山西西北部长城外的浑河，蒙古语名乌兰穆伦河）。尚书左仆射苏威谏，炀帝不听。20天就完工了，筑长城的丁男死了十分之五、六。第二年，炀帝又发丁男20余万筑长城，自榆谷（榆林西）东伸。

炀帝"无日不治宫室"，长安、洛阳两京及江都宫殿已经很多，大业元年（605年）春，又命扬州总管长史王弘于扬子（今江苏仪征东南）造临江宫，渭南（今陕西）还有崇业宫，临淮（今安徽）有都梁宫，涿郡（今河北涿县）有临朔宫，太原有晋阳宫等等。但对炀帝来说，宫室虽多，日久而厌倦，每次想要游幸，左挑右拣，不知住何处去。于是亲自察看全国的山川形势图，特选风景幽美的地方再造宫苑。大业四年（608年）四月，命于汾州（今山西汾阳）之北营建汾阳宫。

隋炀帝在位期间，大兴土木，每项工程都迫使数十万至数百万人从事无偿劳役，有些工程如开凿运河有积极意义，但滥用民力，严重破坏生产，再加征敛苛虐，兵役繁重，人民受到深重灾难。从大业七年（611年）起各地农民不断起义，隋朝迅速土崩瓦解。

刘焯定《皇极历》

隋大业元年（605年）八月，隋代天文学家、算学家刘焯制定《皇极历》。

刘焯（544 ~ 610年），信都昌宁（今河北冀县）人，刘献之三传弟子，传其毛诗学。又受《礼》于熊安生。与刘炫齐名，时称"二刘"。精通天文，著有《稽极》10卷、《历书》10卷及《五经述议》等书。曾奉名与刘炫考定洛阳石经，在辩论时责难群儒，因受谤免职。

隋炀帝继位后，刘焯被征用。仁寿四年（604年），刘焯制定《皇极历》。《皇极历》是当时最好的历法，有许多革新和创造。刘焯不但考虑到月亮视运动不均匀性，而且还考虑太阳周年视运动不均匀性，开始用较合理的内插公式来计算定朔校正数。从而超过前人的历法。刘焯又改岁差为75年差1度，比虞喜和祖冲之的推算更接近实测值（今测为每隔76.1年差1度。当时欧洲还沿用100年差1度的数据）。他在推算日行盈缩，黄、月道损益及日、月蚀日期方面均比前代历法精密，并在造历过程中，首先用定朔法代替了以往使用的平朔法，这是我国古天文学上的一项重大变革。《皇极历》曾在理论上提出测量子午线长度的方法，目的在于否定过去所谓表"影千里差一寸"的说法。由于保守派的反对，实测子午线没有实行，《皇极历》也未颁行。但是唐开元十二年（724年），南宫说按照刘焯的理论，在世界上首次实测出地球子午线的1度之长为351里80步。《皇极历》在唐代成为李淳风制《麟德历》的依据。

总之，刘焯定《皇极历》是我国天文学史上的一大进步。

隋广置仓窖

隋大业二年（606年），隋朝从转运和储藏粟帛的需要出发，建造了多处大型仓窖。储米粟多的可达千万石。

隋代仓窖分官仓和义仓（社仓）两种。官仓积储供朝廷和地方州县府使用；义仓是州县民间自筹粮食，以备救荒的公共粮仓，规模较小。隋朝从文帝即位不久，就开始设置大量官仓。隋初，由于京城长安仓库贮备不足，文帝遂命黄河沿岸诸州募置运米丁，积极充实京师库存。并先后于卫州（今河南汲县）置黎阳仓，洛州（今河南洛阳市东）置河阳仓，陕州（今河南陕县）置常平仓，华州（今陕西华县）置广通仓（或作广运仓），递相贮存，漕运关东及河东的粮食充实京城。开皇五年（585年），又命各州、县设义仓，由当地百姓及军人按贫富分3等出粮，最多不过1石，在当地储存，以备荒年。仁寿三年（603年），命置常平官掌管义仓。隋代仓窖之广，府库储藏之丰，是魏晋以来仅有的，到文帝末年时，天下仓窖的储积，仍可供应全国50年至60年之用。

炀帝继位后，建东都洛阳时，在宫城东建筑了含嘉仓城。在宫城内右掖门街西有子罗仓，仓有盐20余万石，仓西有粳米60余窖。这些物资直到唐朝建国以后的太宗贞观十一年（637年）尚未用完。大业二年（606年）十月，隋政府于巩县（今河南）境内置洛口仓，仓城周围20余里，共有3000窖，每窖容8000石左右，共容纳2000余万石。并在仓城置监官及镇兵千人。大

隋代含嘉仓。创建于隋大业年间，唐代继续使用。其中一窖还保存了已炭化的粟米。入窖粮食最高在一万石以上。

业二年（606年）十二月，又在洛阳北面7里置回洛仓，仓城周围10里，有300窖，共容纳200余万石。

　　隋广置仓窖，可见隋朝社会物资财富积累的丰盈。

裴矩撰《西域图记》

　　裴矩约于隋大业元年至二年（605～606年）撰成《西域图记》。

　　裴矩（？～627年），字弘大，河东闻喜人，隋代著名的地理学家。隋炀帝为了打通西域，以裴矩为黄门侍郎，驻在张掖（今甘肃），并往来于武威、张掖之间，以主持与西域的联系及商业交通事宜，也兼管与西方各国的通商往来。裴矩向西域商人了解诸国情况，搜集了44国政教、风俗、姓氏、服章、山川、交通、物产等资料，撰成《西域图记》3卷。书中记有访求的44国情况，

并绘有地图，将西域的要害地区标出。

在《西域图记》的序言中，记载着以敦煌为总出发点，到地中海的3条大道。敦煌是由内地到西域的咽喉，而伊吾（今新疆哈蜜县）、高昌（今新疆吐鲁番）、鄯善（今新疆罗布泊西南）则分别为3条大道的起点。3条大道即北道，在天山北路，由伊吾经蒲类海、铁勒等部至西海；中道即天山南路的北道，由高昌、焉耆（在今新疆）、龟兹（今新疆库车）等地而至西海；南道即天山南路的南道，由鄯善、于阗（今新疆和田）、朱俱波等地而至西海。其中的中道和南道，越过葱岭后分别到达波斯（今伊朗）和佛林（即古代罗马帝国）等西亚、欧洲各国，是历史上有名的"丝绸之路"。

《西域图记》记载详确，为《隋书·西域传》所本。原书已亡佚，序言存《隋书·裴矩传》中，是研究我国古代中西交通的重要文献。

隋炀帝下诏改官制

隋大业三年（607年）四月，隋炀帝下诏改官制。

文帝在位时，于开皇三年（583年），改州、郡、县三级制为州、县二级制。炀帝继位后，于大业三年（607年）四月，改州为郡，为郡、县两级制，改度量衡，全部依照古代的模式，即西汉末王莽所定度量衡。改官制，增置殿内省，与尚书省、门下省、内史省、祕书省为5省；增谒者台、司隶台，与御史台为3台；分太府寺置少府监，与长秋、国子、将作、都水为5监；又增改左、右翊卫等为16府，改左、右卫为旧名，左、右备身为左、右骁卫，左、右武卫为左、右侯卫，改领左、右府为左、右备身府，左、右监门仍为旧名，废伯、子、男爵，只留王、公、侯3等爵；改上柱国以下官为大夫，原上柱国以下至都督共11等，现改为光禄、左、右光禄、金紫、银青光禄、正议、通议、朝清、朝散9大夫。

中日官方交往

隋大业三年（607年）八月，日本派遣小野妹子出使隋朝，从此中日两国开始了频繁交往。

隋代称日本为倭国。大业三年（607年），日本派遣小野妹子为大使，鞍作福利为通事，携国书出使中国，并带来学问僧数十人来学佛，商谈有关日本人来中国传习佛经事宜。大业四年（608年），隋炀帝派遣文林郎裴世清回访日本，日本举国欢迎，十分隆重。天皇特意派吉士雄成率30艘大船前往筑紫迎接。隋使裴世清进入日本京城后，日本皇太子及诸王臣僚身着礼服，以最庄重的礼仪接待中国使者。临别又举行了隆重的送别宴会。

通使于隋的日本小野妹子

当裴世清回来时，日本再派遣小野妹子携4名学生随同来隋，并派高向玄理等8人来学佛法。这些留学生在长安学习时间很长，有的达二、三十年之久。他们中如高向玄理等，回国后大力宣传中国文化，对日本的文化革新曾起过重大的作用。通过这些留学生，把日本的文化带到中国，又将丰富多彩的中国文化不断地传入日本，增强了中日双方的经济文化交流。

大业四年（608年）三月十九日，倭王多利思比孤遗炀帝书曰："日出处天子致书日没处天子无恙。"炀帝看后，不高兴。对鸿胪卿说："蛮夷书无礼者，勿复以闻。"

裴蕴阅实户口

隋大业五年（609年）民部侍郎裴蕴阅实户。

裴蕴（？～618年），隋河东闻喜（今属山西）人。炀帝时任民部侍郎，不久，升御史大夫，参掌机密。他迎合炀帝，严刑酷狱，后在宇文化及发动兵变时被杀。

大业五年（609年），裴蕴因为民间户籍脱漏甚多，有的年已成丁，仍诈为小；有的年龄未到老，已被免租赋。用诈老诈小，虚报年龄来躲过纳税年限。裴蕴深明此情，因此奏令貌阅。如果再有以上类似情况发生，则官司解职，分正里长都要流配至很远的地方。隋朝因袭北魏施行均田制时所立的三长制。隋朝的三长，在畿内为保长、闾长和族正，畿外为保长、里正和党长。三长就是封建政权在检察户口时所依靠的农村中基层组织。另外，又允许百姓互相告发，百姓检举得一丁者，令被检举之家代输赋役。

这一年，隋共检举出443000丁，641500口。此年，隋共有190郡，1255县，890余万户。东西9300里，南北14815里，是隋朝的极盛时代。

炀帝大陈百戏

隋炀帝为了炫耀自己的富足，大业六年（610年），使西域少数民族的使者和商人齐集洛阳。大陈百戏，盛况空前。

百戏始于北齐武平年间，有鱼龙、俳优、侏儒、剥驴等奇端异怪游戏100多种，故称百戏。开皇初，文帝禁令废遗，到炀帝继位后，宫中甚为流行。大业二年（606年），突厥启民可汗来朝，隋帝为炫耀富庶，使四方散乐齐集洛阳。在芳华苑积翠池大陈百戏。表演项目有黄龙变、倒舞伎、高伎等多种，使用磬、琴、瑟、筑等10多种乐器，千变万化，无奇不用。歌舞者都穿缯、锦，两京缯、锦因此而用尽。

大业六年（610年）正月十五，又在洛阳端门街开设盛大的百戏场，给西域人演奏百戏。戏场周围5000步，有18000余人奏乐，声闻数十里，通宵达旦，灯火映红了天地。海内奇伎，无不汇萃。一直演了15天，所需费用以万计。炀帝还勒令洛阳点缀市容，把域内外树木用帛缠饰，市人穿上华丽服装，甚至卖菜也用龙须席铺地。西域商人如果走到饭馆门前，主人便请他入座，醉饱出门，不取分文，欺骗客人说：中国富足，饭店酒食照例不要钱。西域商人稍狡黠者知道这是吹嘘，故意说：中国也有衣不蔽体的穷人，为何不将缠树缯帛做衣给他们穿？弄得饭店主人不知如何回答才好。由此可看出隋炀帝的奢侈和虚荣。

科举制形成

大业二年（606年），隋炀帝杨广开进士科，确立科举制度。

科举制度作为封建统治阶级选拔人才的方法，萌芽于南北朝，开始于隋，而成型于唐。南北朝时期，举孝廉，举秀才等察举方式代替了按门第选官的方式。隋朝隋文帝正式取消了九品中正制。使官吏的任用不再受门第的限制。606年，隋炀帝杨广开进士科，确立科举制度。

科举制度在唐代继续实行并得到很大发展。唐代的科举分为常科和制科。

常科包括秀才、明经、进士、明法、明书、明算等六科。秀才为最高科等，所试方略策，要求应举者熟悉经史，精通经世治国的方略。这对于缺少经史知识、醉心词华的唐初士子来说，是很难达到的，因此他们往往不敢投考秀才科。明经主要考两部儒家经典，唐初，明经是按照经的章疏试策，这使许多举子不读正经，只是把与对策有关的章疏义条抄录下来进行背诵，高宗调露二年（680年）开始加试帖经，即取经书中的一行，把其中几个字蒙住，让考试者填充。这样儒家经典的背诵就成为明经录取的先决条件，这样一来，应举明经者死记硬背，不求义理的情况更为严重。进士在唐初考试时务策五道。当时衡量策文的标准是看词华。进士科主要走文学取士的道路，成为选拔政治人才的主要来源。明法科试律、令各一部。明书科试《说文》、《字林》，帖试、口试并通，然后试策，要求通训诂，兼会杂体。明算科考试以《九章算术》《周髀算经》等十部算经为基础，要求明数造术，辨明术理。

科举考试图

常科的应举者主要是生徒和乡员。前者是国子监所统国子学、太学、四门学、律学、书学和算学的学生，以及在弘文馆、崇文馆学习的皇亲、亲贵子孙。后者是指不在馆学的举子，自己在州、县报名，经县、州逐级考试合格，由州府举送到尚书省参加常科考试，特别值得注意的是，武则天长安二年（702年）创立武举，亦是常举，由兵部主持，主要是选拔一般武官，而不是选拔将帅之才。

制科是由皇帝临时确定科目下制举行的，名目很多。如高宗时先后有词赡文学科、词殚文律科、文学优赡科，武则天时先后有超拔群类、绝伦科，玄宗时有文史兼优、博学通艺以及武足安边、智谋将帅、军谋越众等科，但基本上没有重复的。科目的变化，反映了随着政治经济形势的发展，统治阶级对人才的不同要求。参加制考试者可以有出身、有官职，也可以既无出身，也无官职，并且可以连续应举。制举是统治者收买人心的重要手段，它对于发现卓有才能的官吏，也发挥了很大的作用。

随着科举录取人数的不断增加，科举出身者担任高级官吏的比重不断提高，唐朝的科举制度日益重要起来。唐初每年科举录取的人数很少，40年间才有290人，科举入仕者在官员中的比重很小，但从高宗时起，在高级官吏特别是宰相中的比例却在不断增加，到玄宗二十二年（734年）前已经占三分之二，但以后这一情况一度发生逆转，直到宪宗（806～820年）起，科举出身者才重新在宰相和其他高级官吏中占据多数，并且稳定地持续下去；从而奠定了中国封建社会后期高级官吏由科举出身者担任这种格局的基础。

科举制历经宋元明清各代，只在元代前期稍有中断。各朝统治者根据各自的政治要求改革科举制，使之日益复杂严密，在封建政治生活中发挥着举足轻重的作用。

常骏出使赤土

隋大业四年（608年）十月，常骏出使赤土。

赤土，即今马来半岛，其国遣使到隋，向隋炀帝献物以示友好。大业四年（608年）三月，炀帝募人前往海外，屯田主事常骏、虞部主事王君政等，应募前往赤土。

常骏给赤土王带去 5000 段锦物。十月，常骏等自南海（今广州）乘舟出发，经过 20 多天的海上航行，到达赤土国，赤土王利富多塞遣使婆罗门鸠摩罗用船 30 艘来迎接，吹奏鼓乐，接待十分隆重，并送给隋朝金芙蓉冠、龙脑香等特产。且将国王的函书用金封好，遣其子那邪迦随常骏回到隋朝。大业六年，炀帝在弘农（今河南灵宝县南）会见其使者，并回赠许多物品。从此，两国建立邦交，互通使节。常骏被授为秉义尉。

常骏出使赤土，为中马两国关系的发展做出了贡献。

隋代套环"贵"字纹绮

建国门起事

隋大业六年（610 年）正月，数十自称"弥勒佛"者，入建国门，图谋起事，被齐王暕斩杀。

正月初一，天还没亮，东都洛阳有数十人，身穿白衣，头戴素冠，焚香持花，自称弥勒佛，进入皇城端门建国门，监门卫士全都叩头稽首。但这群人乘其不备，忽然夺取卫士武器，图谋起事。齐王恰遇此事，率兵抗击，起事者不敌，数十人全部被斩首。隋炀帝杨广即令于东都洛阳大肆搜捕弥勒佛者，因此事连坐达千余家。

王通《中说》倡"三教可一"

仁寿三年（603 年），王通曾向文帝上《太平十二策》，因公卿反对而未被采纳。炀帝继位后多次征辟，他都不赴任，隐居在黄河、汾水之间，著述讲学，很多人拜在他门下受业，被称为"隋末大儒"。

王通（580 ~ 617 年），字仲淹，谥号文中子，绛州龙门（今山西河津）人，出身于儒学世宦之家，从小深受儒家思想熏陶。仁寿三年王通西游长安时，曾向隋文帝献"太平十二策"，不见纳用，因此退居河、汾之间，以授徒自给，有弟子千余人，时称"河汾门下"。讲学的同时，王通深入研究《六经》子史，用八年多时间著成《续六经》（亦称《王氏六经》）。在研究《诗》、《书》、《礼》、《易》、《乐》、《春秋》等儒学经典的基础上进一步提出自己的见解。该书共 80 卷，意在于振兴儒学。此后，王通名声大噪，求学者络绎不绝。但是更为成熟的更能代表王通哲学成就的著作则是他的门人记录整理的《中说》

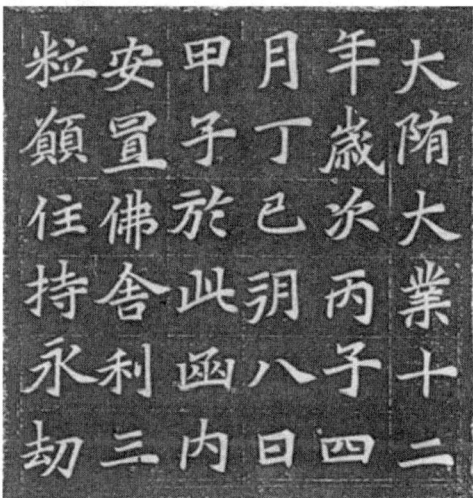
隋舍利石函（拓片）

隋代伎乐壁画

隋代备骑出行壁画。此图绘四人身著圆或翻领衫袍，并肩站立。其中二人执高柄行灯，一人执高柄伞，一人执高柄扇。

（亦称《文中子》），后者是对前者的深化、完善及具体化。

王通主张儒、佛、道三教合一，其基本立足点则为儒学，提出"天者，统元气焉"，认为天是元气组成的自然之天，同时又相信有"天神"存在。把治乱、穷达、吉凶归结为命，但又认为这些都是由人自召的。这种"三教可一"的命题王通认为可以作为儒学改革、发展的外部动因。

王通以明王道为自己的教育目标，以振兴儒学为己任。为了弘扬王道，王通立志直接继承孔子，以"当仁不让"的精神气概倡明儒家教育。为此，他抓住仁政作为教育的核心，并以此作为教育的主要内容。这就是在"三教合一"的基础上突出了"儒家学"这一立足点。他说的仁政包括三个层次：一是讲仁、宽、礼乐；二是讲忠、恕、去私念；三是讲谨而固、廉而虑。无论君臣，都以此作为标准，培养有德人才是其根本标准。

至于道德修养方面，王通提出"穷理尽性"的命题。他说："周公之道，庸而当、和而恕，其穷理尽兴以至于性乎！"又说："乐天知命吾何忧？穷理尽性吾何疑。"可见，他把知命、穷理、尽性当作一个完整的修养过程，而这一过程既吸收了儒学的正心、诚、闻过等主张，也吸收佛道之人的无辩、无争、寡言、静、戒等思想。

王通采取专门与兼学的形式培养出薛牧、杜淹、温彦博等文化人才。房玄龄、魏征、杜如晦、李靖等隋唐重要人物也从其受益。教学实践中的成功，更促进了王通去探讨新问题，运用新方法，为适应时代的"新儒学"打下基础，从而使隋唐的儒学从传统的汉魏南北朝经学与玄学脱胎出来。王通也因此成为儒学明确吸收佛道思想，向宋代理学过渡的重要先驱人物。

世界上第一座大跨度敞肩拱石桥——赵州桥建成

在中国古代桥梁建筑中，拱桥是最坚固耐久的，也是各种桥梁中历史较为悠久的一类。隋代出现了著名的赵州桥，显示了梁桥建桥技术已日臻完善。

赵州桥横跨在河北省赵县洨河之上，又名安济桥。此桥建于隋朝大业年间（605～617年），是在李春等匠师主持下建造的。赵州桥是世界上现存最古老的单孔敞肩式石拱桥，比欧洲早了整整十个世纪，至今一千三百多年，

赵州桥的雕刻艺术。赵州桥作为世界上第一座大跨度敞肩拱石桥，不仅在科学技术上有很高的成就，而且具有高超的艺术特色。它的整体结构，寓雄伟于秀逸之中，桥两旁石栏望柱的精美雕刻，栏板上的蟠龙以及石兽面、卷叶、花包饰等细部雕刻，刀法苍劲，线条流畅，造型古朴，是隋代石雕艺术的精品。图为双龙戏珠。龙为万物灵长，桥栏板上雕龙意在镇压风涛。龙与珠的配合由来已久，"双龙戏珠"亦是常见的传统吉祥题材。

赵州桥栏干望柱

赵州桥。位于河北赵县城南二点五公里处的安济桥，因赵县古称赵州，又名赵州桥，当地俗称大石桥。建于隋大业年间，是我国现存的最古桥梁。

赵州桥雕刻兽面

李春塑像。隋代匠师李春因赵州桥杰出的建筑艺术和技术成就而流芳千古。

经受了多次大地震的考验，依然挺立，被誉为"天下之雄胜"。

赵州桥为单孔敞肩式，拱券为半圆弧的一部分，净跨度是 37.37 米，矢高 7.23 米，坡势平缓，利于车马通行。在大拱的两边，对称嵌有四个小拱，可使山洪急流通行无阻，既减轻洪流对桥的压力，也减轻了桥自身的重量。四个小拱的设置可称得上是空前创举。

我国石拱桥有厚壁和薄壁之分，赵州桥属于前者，厚壁长于载重，适合北方使用车马运物载重较大的特点。赵州桥是由平行并列的二十八道拱圈构成，对于桥台和桥墩之间略有的不同升降有着较大的适应能力。而且每个拱合拢后就可

赵州桥雕刻奔龙

以单独承受重力，便于施工和维修。李春等匠师在此基础上，又在拱圈面上放置了一层横向石板做护拱石，各个圈面之间安放了铁腰，还在护拱石和拱背间加置了九根铁拉杆和六块钩石，并将桥的宽度自两端向中部递减，使两侧各道拱圈微微向内收后，将整座桥联成一体，较好地解决了并列拱圈间横向联系不紧密，易于向侧面倾散，缺乏整体性的问题。

其主拱宏大，弧度平缓，四个小拱具有对称美。桥身造型空灵，六条弧线恰到好处，给人以古朴、苍劲的艺术美感。桥上两侧有四十二块石栏板，栏板上雕有龙兽、花草等图案，刻工精丽，形态逼真，更增加了赵州桥轻盈秀美的风韵。

赵州桥开创了敞肩式拱桥形式以及四个小拱独特的设计等巨大成就，极大地推进了我国建筑技术的发展。它的手法为后代普遍继承。到明清时候，形成了一整套的造桥制度，建桥技艺也更高超。直到现在，赵州桥的技术也为现代钢筋混凝土桥梁广泛应用。

房山石经始刻

　　佛教石经中规模最大、历史最久的文化珍品房山石经，存于北京房山县云居寺石经山。该山高约 500 公尺，共开凿有九洞，分上下二层，下层二洞，上层七洞。其中开凿最早的雷音洞，原作经堂，即石经堂，有可启闭的石门。另外八洞在贮满石经后即用关熔而将其锢封。至辽金时，又在山下云居寺西南角开挖两处地洞，埋藏石经后两洞合而为一，并在其上建压经塔镇住。

　　房山石经始刻于隋大业年间（605 ~ 617 年），由静琬（即智苑）继承其

房山石经山藏经洞

师慧思遗愿发起刻造。到唐贞观十三年（639年），静琬圆寂时，已刻完经石164块，包括《涅经》、《华严经》，以及嵌于雷音洞四壁的《维摩经》等。继承静琬刻经事业的弟子可考者有所谓导公、仪公、暹公和法公等四人。唐开元年间，静琬的第四代弟子惠暹得到帝室的支持，在雷音洞（石经堂）下开辟了两口新堂，镌刻石经。中晚唐时期，由于当地官吏的支持和佛教信徒的施助，先后

经板。房山云居寺继静琬后历代续刻，共在九个藏经洞中藏石经板4195块；辽金时又在塔下藏经板10082块。

刻有石经100多部，经石4000多块，分藏十九个石洞。石经刻造在唐末五代战乱时陷于停顿，至辽代继续镌刻。

国子监体制的形成和发展

　　国子监，又称"国学"、"国子学"，是中国封建社会的教育管理机构和最高学府。汉代以来，政府主办的学校称为"太学"，实行汉武帝的"罢黜百家，表章六经"的文教政策。至西晋武帝咸宁四年（278年），为适应门阀世族专权的需要，除太学外，政府特别设立了国子学。隋朝文帝时改为国子寺，属我国最早设立的专门从事教育管理的机构，下设国子学、太学、四门学、书学、算学等五学。隋炀帝大业三年（607年）改国子寺为国子监，国子监体制最后形成。

　　唐宋时期，国子监作为国家教育管理机构，总辖国子学、太学、四门学、广文馆、律学、书学、算学，统称"七学"或"七馆"。元代的国子监下辖国子学、蒙古国子学和回回国子学。到了明清时期，国子监同时具有国家教育管理机构和最高学府的两重性质。明朝是国子监的鼎盛时期，分别在北京和南京设立了两大国子监。南监建于洪武十五年（1382年），规模庞大，"延

十里，灯火相辉。规制之备，人文之盛，自有成均，未之尝闻也"。清朝国子监完全采用明制，文化专制主义进一步加强，"设六堂为讲肄之所"，"师徒济济，皆奋自镞砺，研求实学"。但不久国子监开始衰落，形同虚设。1905年，清政府废除国子监改设学部。至此，国子监不复存在。

国子监设立以来，历代政府对教官人数的设置及称呼都有所不同。总管监务的头目称国子祭酒或判监事；唐代设博士、助教和直讲；宋朝设直讲担任讲学工作；明代设司业、监丞、博士、助教、学正等；清朝延用明制。各朝政府均规定，国子监祭酒、司业、博士要由"当代学行卓异之名儒"担任，如一代名儒韩愈、孔颖达、宋讷、孔尚任等都曾在国子监执教任职，并给予他们优厚的待遇。以明洪武四年（1371年）为例，单官禄一项，即规定国子祭酒270石，司业180石，博士80石，助教65石等。此外还有其他封赐。待遇之高，足以说明政府对教育的重视。

在生员方面，历代政府对学生的资格、来源和名额都有不同的规定。在监读书的学生称监生、太学生或国子生。唐代"国子学生三百人，以文武三品以上子孙、若从二品以上曾孙、及勋官二品县公、京官四品带三品勋封之子为之"，并规定监生入学时要举行献礼仪式，赠绢给博士及助教。监生可在监内寄宿，并可免除劳役。明朝"凡国学生员，一至九品文武官子孙弟侄，年一十二岁以上者充补，以一百名为额。民间俊秀年一十五岁以上，能通四书大义，愿入国学者，中书省闻奏入学，以五十名额"。监生的来源有两类：官生和民生。官生又分品官子弟和土司子弟及海外留学生，由皇帝指派分定，民生由各地文官保送。明朝监生的生活待遇较好，政府"广为号舍以居之，厚其衣食而养之"，并允许监生带家眷入学。清朝监生分为贡、监两大类。贡生分6种名目：岁贡、恩贡、拔贡、优贡、副贡、例贡。每种贡生的来源、名额等均有不同的规定。监生地位略低于贡，分例监、荫监（又分恩荫、难荫两种）。贡监生除上述名目外，尚有外国肄业生，主要是琉球、俄罗斯所遣之官生。

在教学内容方面，历代统治者都将五经或四书作为国子监的主要教材，以培养封建社会的"文武之材"，"能出入将相，安定社稷"。

除此之外，唐代监生兼修"大经"（《礼纪·春秋左氏传》）、"中经"（《诗》、《周礼》、《仪礼》）和"小经"（《易》、《尚书》、《春秋公羊传》、《春秋梁传》）及《论语》和《孝经》。明代学习《御制大诰》、《大明律令》等，

最重要的是明太祖朱元璋亲写的《大诰》，主要内容是列举他所杀人的罪状，使人警戒，教人守本分，纳田租，出夫役等训词。清朝则设立性理、习字等课程。

在管理方面，各朝政府都建立了严格的规章制度。唐代明确规定了博士、助教的职责以及监生的考试和放假制度。明朝按照监生文化程度的高低，把国子监分为率性、诚心、修道、广业、崇志、正义等六堂，以率性程度最高。每季考核3次，一年内积满8分为合格，一年半后分别升堂。据《明会典》记载，监生自洪武五年实行历事制度，即肄业后分配到政府各衙门实习。历事时间有3月、半年、1年不等，建文时定考核品级，上等选用，中下等仍历一年再考，如再考仍下等者回监读书。

奸诈、懒散者则发配充吏。清代国子监的肄业之所除按明分六堂外，六堂又分内班、外班。内班总人数为150人，外班总人数120人，不久增至总数300人，可见招生数量远不及明代的规模。监生实行坐监肄业，时间长短依其类别不同而有所差异，如恩贡6个月，岁贡8个月等。虽为坐监，实际上监生只在释奠、堂期、季考时暂时集中，平时均散居家中学习，其教学、考试制度大体继承明制。监生坐堂期间，管理制度也相当严格。明朝政府制订颁发了56条监规，严禁监生闹事，轻者记过打板子，重者发配充军或杀头。清政府于建国初颁布了18条监规，禁止监生"立盟结社，把持官府，武断乡曲"，"违者听提调官治罪"。这是封建专制政治在文化教育上的具体表现所在。

国子监自建立到衰亡经历了近2000年的时间，培养和造就出一大批适应社会需要的文武官员和管理人材，对社会兴旺，文化繁荣，促进中外文化的广泛交流，起到了积极的、重要的作用。

二刘倡经学

隋朝开国之初，隋文帝大力提倡儒学，虽然政策有所波动，但大体上说，隋代经学是沿着融合南北经学的总势向前发展的。其中刘焯、刘炫是提倡并推动隋代经学发展，为唐代经学奠定基础的代表人物。

刘焯，字士元，信都昌亭（今属河北）人，生于北魏孝明帝大同十年（544年），卒于隋炀帝大业六年（610年）。刘炫，字光伯，生于581年，隋朝末

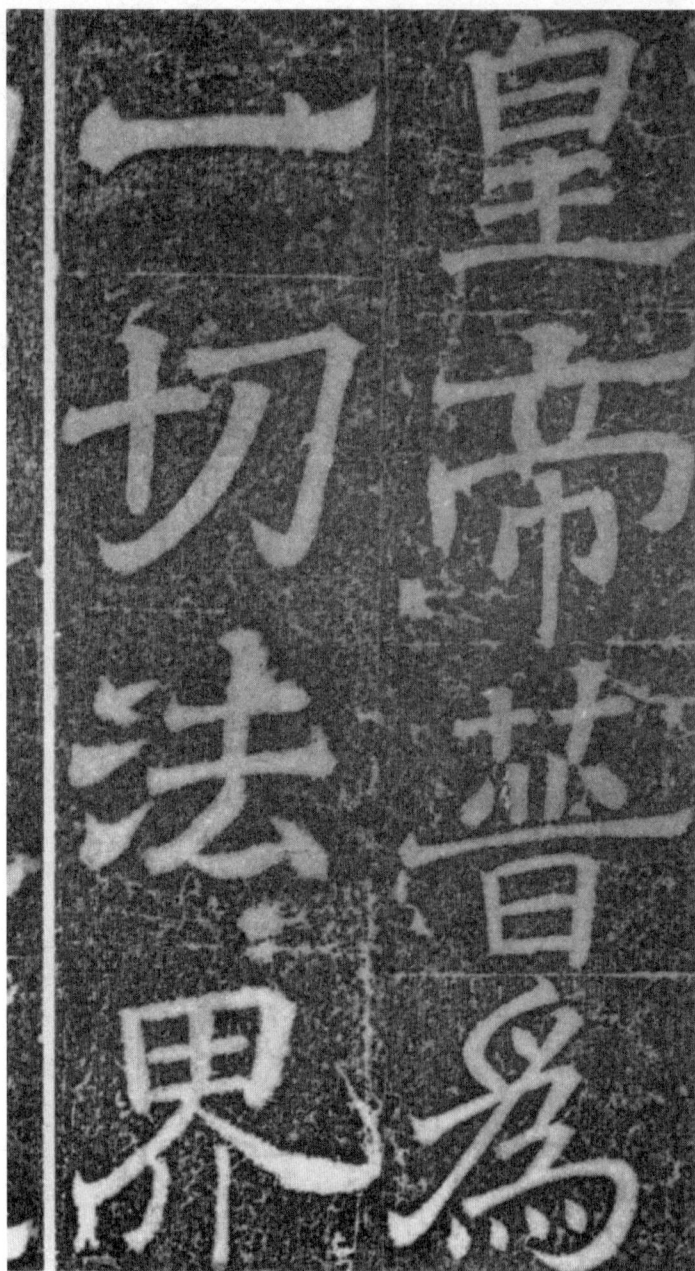

隋代青州舍利塔下铭

年战乱中冻饿而死。他俩在当时齐名，被称为"二刘"。《隋书·儒林》说："二刘拔萃出类，学通南北，博极古今，后生钻仰，莫之能测。所制诸经义疏，缙绅咸师宗之。"

二刘均是刘献之的三传弟子，同时受业于刘轨思、郭懋、熊安生等人，后来得知刘知海家藏书很丰富，二刘就在其家读书十载，即使衣食不继，也漠然处之。隋开皇年间（581～600年）二刘入京，一同考定洛阳石经，并与杨素等著名文人在国子监倡论经义，众人无不服其学业精博。刘焯的著作有《稽极》、《历书》、《五经术义》；同时，他对天文学的发展也有一定贡献。《隋书·儒林》说几百年以来的博学通儒，没有人能超过他。刘炫也是位学通南北、博极古今的大儒，自称六经无所不通。著作有《论语述议》、《春秋攻昧》、《五经正名》、《孝经述议》、《春秋述议》、《尚书述议》、《毛诗述议》、《注诗序》和《算术》等行世。从著作中可以看出他学识深邃、渊博。

由于二刘的渊博学识，致使"天下名儒后进质疑受业，不远千里而至者，不可胜数"。隋代经学之风在他们的倡导之下一时大盛。

陆法言编《切韵》

隋代音韵学家陆法言于601年编成著名韵书《切韵》。陆法言是河北临漳人，相传他年轻时与刘臻、肖该、颜之推等8人讨论音韵，并由此编著成《切韵》一书。当时，陆氏家族为隋朝所不容，《切韵》只是私家著述。但因为《切韵》吸取了以前诸家韵书的长处，形成了一套比较科学的音韵体系，容易为人接受，故唐以后广泛流行。到宋代，《切韵》的增订本《广韵》更是成为国家规定考试的标准。

隋代张通妻陶贵墓志

　　《切韵》收 11500 字，全书 5 卷，共分 193 韵。分韵的标准除了韵母的差异外，还考虑到声调因素，同一个韵母，声调不同也分成不同的韵。193 韵的分配是平声 54 韵，上声 51 韵，去声 56 韵，入声 32 韵。

　　各韵之内的字按同音关系分成小组，这种小组后来通称小韵，小韵首字下用反切注出本小韵的读音和本小韵的字数。字的训释简略，常用字大多不加训释。

　　《切韵》原书已经失传，后世编写的不少增订本则流传至今。增订本增订的主要内容是加字、加注，目的在于增强《切韵》的字典作用，而韵数和反切也略有变动。

　　现存《切韵》完整增订本只有两个，一是王仁《刊谬补缺切韵》，一是北宋陈彭年等编的《大宋重修广韵》。

　　《切韵》分韵在诸家韵书中最为精密，问世不久就在韵书中取得了权威地位，唐初被定为官韵，影响历久不衰，数百年间增订本层出不穷，而其他韵书则湮没殆尽。

　　各代的流传与增订，使《切韵》成为一部能把自己的语音系统完整流传至今的最早韵书。

611~617A.D.
隋朝

611 ~ 617A.D.

611A.D. 隋大业七年

十月，征水陆兵击高句丽。西突厥处罗可汗为射匮所攻，败奔高昌，遂来朝。

平原民刘霸道、漳南民孙安祖、鄃人高士达、鄃人张金称，勃海孙宣雅、东都法曹韦城翟让与单雄信、徐世勣、外黄王当仁、济阳王伯当、雍丘李公逸、韦城周文举以及不知名号者纷纷起义。

612A.D. 隋大业八年

击高句丽大兵出动，左右各十二军，凡一百十三万三千八百人，号200万。七月，宇文述等军大败于萨水，丧30万人，资械不可胜计。

613A.D. 隋大业九年

三月，济阴孟海公起义。炀帝赴辽东督师，再击高句丽。六月，礼部尚书杨玄感起兵黎阳。八月，杨玄感败死。

614A.D. 隋大业十年

二月，再征兵击高句丽。扶风唐弼起义，立李弘芝为皇帝，号唐王。七月，炀帝至怀远镇，高句丽请降，班师。离石胡刘苗王称皇帝。汲郡王德仁起义，据林虑山。

615A.D. 隋大业十一年

齐郡颜宣政起义，旋败。李渊为山西河东抚慰大使，承制黜陟。李渊击龙门毋端儿，破之。十月，炀帝还东都。

616A.D. 隋大业十二年

正月，起宫苑于毗陵，壮丽过于东都西苑。雁门翟松柏起义于灵丘。七月，炀帝幸江都。冯翊孙华起义，号总管。十月，李密投翟让，破张须陀。以李渊为太原留守。渊破甄翟儿。张金称、高士达败死，窦建德统其残部，号将军。

伊斯兰教徒入中国。

617A.D. 隋大业十三年　隋恭皇帝杨侑义宁元年

正月，杜伏威据历阳，称总管。窦建德据乐寿，称长乐王。马邑鹰扬校尉刘武周起事，附于突厥。李密、翟让陷兴洛仓，密号魏公，称元年，江淮、河南多附之。刘武周称皇帝。李密陷回洛东仓。

隋炀帝三击高丽

隋炀帝杨广为炫耀武功，于大业八年至十年（612～614年），3次大举进攻高丽，耗费无数，给人民带来深重灾难。

大业七年（611年）二月，炀帝自江都（今江苏扬州）乘龙舟，入永济渠，赴涿郡（今北京市），下诏攻高丽。命元弘嗣往东莱（今山东掖县）海口造船300艘，官吏督役，船工昼夜立于水中，不得休息，自腰以上全都生蛆，死者十分之三四。征集全国各地的水陆兵，不论远近，会集涿郡。又征发江淮以南水手1万人，弩手3万人，岭南排镩手3万人，全部奔赴涿郡。五月，炀帝令河南、淮南、江南造戎车5万乘，发河南北部民夫供应军需。七月，发江淮以南民夫及船只运黎阳及洛口诸仓米至涿郡，船队前后长达千余里，往返在路上的民夫经常有10万人，日夜不绝，死尸横遍道路，全国骚动。

大业八年（612年）正月炀帝下诏誓师进攻高丽。陆路左右各12军，共113.38万人，号称200万。令左十二军出镂方、长岑、溟海、盖马、建安、南苏、

高句丽礼佛等图像

高丽人使用的圆瓦

辽东、玄菟、扶馀、朝鲜、沃沮、乐浪等道，右十二军出黏蝉、含资、浑弥、临屯、候城、提奚、蹋顿、肃慎、碣石、东暆、带方、襄平等道，总趋平壤。炀帝亲授节度，每军大将、亚将各1人；骑兵40队，步兵80队。水路由右翊卫大将军来护儿率江淮水军，出东莱（今山东掖县），浮海先进，在离平壤城60里处大破高丽兵。来护儿因胜而骄，带4万精兵直至平壤城下。高丽在城内打好埋伏，出兵与来护儿战而伪败，来护儿追之入城，中埋伏大败。

　　来护儿带兵还屯海浦，不敢再战。大业八年（612年）六月返回辽东。陆路方面，于仲文、宇文述等率9军30万5千人渡过鸭绿江，行军中人马全都给了百日粮，重不能负。士兵都在晚上将粮埋到地里，行军到半途粮就快用完了。高丽想让隋军疲劳，诱其深入。隋军渡过萨水（清川江），离平壤城30里，依山扎营。高丽遣使诈降。宇文述等就此撤兵。七月，隋军至萨水，高丽从背后攻击隋军，隋军大败，溃不成军。等到了辽东城，只剩下2600人，炀帝只得于八月下令班师，将所得高丽地设置了辽东郡。

大业九年（613年）正月，炀帝再次下令征各地兵集于涿郡。募民为骁果，置折冲等郎官来统领他们。修辽东古城以贮军粮，准备再进攻高丽。四月，炀帝到辽东。派宇文述与上大将军杨文臣进军平壤，左光禄大夫王仁恭出扶馀道。王仁恭进军到新城，高丽兵数万人拒战，仁恭率精骑1000击破之，高丽婴城固守。炀帝命令诸将进攻辽东，用飞楼、云梯、地道从四面一起前进，昼夜不息，而高丽应变抗拒隋军，20多天也攻不下来，双方死亡惨重。炀帝看久攻不下，又命令造布囊100多万口，里面装满土，想用之堆积成鱼梁大道，宽30步，与城墙一样高，让兵士从上面登上城墙来进攻高丽军。又制作八轮楼车，高过城墙，夹在鱼梁道旁，想用之俯射城内。一切准备就绪，只等时机一到就攻城。但这时吏部尚书杨玄感在黎阳举兵反叛，准备攻打洛阳，炀帝闻之大惧，立即班师，军资、器械堆积如山，全部弃之不顾。后面的士兵数万人被高丽军追随抄击，羸弱者有数千人被杀。

大业十年（614年）二月，炀帝命令百官讨论第三次远征高丽，没有人敢说什么，炀帝于是下诏再征天下兵，百道俱进，以击高丽。三月，炀帝到涿郡，士兵逃亡连续不断，于是祭黄帝，斩逃亡的士兵，以他们的血涂鼓，就这样也不能制止。七月，炀帝亲自到怀远镇，当时起义烽火已燃遍全国，各地被征兵士，有的不应征，有的中途逃亡，人民反对侵略高丽的战争。高丽也因久战困乏渴望罢兵。高丽国王派使臣求和。炀帝看到战争实打在不下去了，就答应了讲和。八月，炀帝下令班师回国。十月，炀帝征召高丽王入朝，高丽王没来。炀帝想再集结军队进攻高丽，但国内农民起义此起彼伏，再无力量远征了，炀帝只好作罢。

炀帝三征高丽，穷兵黩武，举国就役，扫地为兵，课役繁重，田亩荒芜，终于激起人民的反抗，导致隋朝的灭亡。

王薄、窦建德、翟让等起义天下大乱

大业七年（611年），王薄、窦建德、翟让等相继起义，此后各地农民起义连续不断，天下大乱。

隋炀帝在位期间，为征伐高丽，调兵征粮，举国就役，扫地为兵，致使民不聊生，义军纷起。河东的涿郡和山东的东莱是隋进攻高丽的军事基地，这一带人民负担最重，加之水旱灾荒不断，因此农民起义首先在山东爆发。大业七年（611年），山东邹平（今山东）人王薄，率众于长白山（今山东章丘县境）起义。自称知世郎，作《无向辽东浪死歌》以相号召。他们到处攻打官兵，破坏隋军运输线，于是逃避兵役的人多归附之。同年，隋炀帝募征高丽，窦建德因勇敢被选为200人长，他因帮助孙安祖起义，被官府追捕，其家属被杀，窦建德率所部200人在家乡清河漳南（今山东武城东北）起义，投高鸡泊高士达，任司兵。同年，东郡韦城（今河南滑县东南）人翟让率众起兵，翟让勇敢有胆略，初任东郡法曹，触法当斩，为狱吏救脱，遂于瓦岗（今河南滑县南）起义，与单雄信、徐世勣等占据瓦岗，手下有万余人，其部下大多是善用长枪的渔猎手。

此外，清河鄃县（今山东夏津）人张金称率众起义，以河曲为根据地，其众达数万。刘霸道领导平原（今山东平原西南）农民起义，以负海带河、地形险阻的豆子𣸣（今山东惠民县境）为根据地。起义者聚于刘霸道周围，很快达10余万人，号称"阿舅军"。清河漳南（今山东武城东北）人孙安祖，家为大水漂没，妻子饿死，县令又逼其服兵役，他悲愤交加，于是刺杀县令，窦建德帮助他聚众入高鸡泊。信都（河北景县）人高士达率众于清河（今河北清河）起义，以高鸡泊为根据地，后与窦建德部会合，自称东海公，以窦建德为司兵。

大业九年（613年）正月，灵武（今宁夏灵武西南）人白瑜娑起义，夺取官马，北连突厥，兵至数万。三月，济阴（今山东曹县西北）孟海公起义，据周桥，进占曹、戴二州，众至3万。同月，齐郡（今山东济南）人孟让起

义，一度与王薄联合，后南下江淮，众达 10 余万。同月，北海（今山东益都）人郭方预起义，自号卢公，众达 3 万。同月，平原（今山东平原西南）人郝孝德聚众数万起义，与王薄、孙宣雅等部 10 余万结为联军，为隋将张须陀击败，后归入瓦岗军。同月，厌次（今山东无棣南）人格谦起义，以豆子航（今山东惠民县境）为根据地，称燕王，众至 10 余万。同月，渤海（今山东阳信）人孙宣雅起义，以豆子航为根据地，众至 10 万，自称齐王。十二月，章丘（今山东章丘）杜伏威、临济（今山东东章丘西北）辅公祐率众起义，转向淮南，自称将军。

建筑家宇文恺去世

隋大业八年（612 年），隋代建筑家宇文恺去世。

宇文恺（555 ~ 612 年），隋朔方（今陕西靖边北白城子）人。字安乐，北周宇文氏之后。其家世武将，只有他喜好读书习文，多伎艺，号为名父公子。隋初，文帝想迁都城，因为宇文恺有巧思，下诏领营新都副监，一年后建成隋新都大兴城，其规划设计，全部出于宇文恺之手。并曾征发民工，开凿广济渠，决渭水达黄河，以通漕运。后被拜为仁寿宫监，与杨素一起营造仁寿宫，因其过于壮丽豪华，文帝为之动怒。独孤后死后，文帝命令宇文恺营造山陵，建成后，文帝称好。炀帝继位后，迁都洛阳，以宇文恺为营东都将作大匠。他因炀帝喜好宏伟奢侈，所以将东都建造得极其壮丽，炀帝非常高兴。炀帝北巡，宇文恺为之造作大帐，其下可坐数千人，又造观风行殿，能容侍卫数百人，下装轮轴可推移。

宇文恺建筑成就卓著，撰有《东都图记》20 卷、《明堂图议》2 卷、《释疑》1 卷传世。他与阎毗、何稠被称为隋代三大建筑家，并位居其首。

杨玄感起兵败殁

隋大业九年（613年）六月，礼部尚书杨玄感发动兵变，2个月后兵败自杀。

杨玄感是杨素之子，他见朝政紊乱，炀帝多猜忌，谋划废炀帝，立秦王浩。炀帝二征高丽，令杨玄感于黎阳督运军粮。杨玄感入黎阳，选少壮运夫5000余人，于大业九年（613年）誓师反隋。玄感召浦山郡公李密问计，李密提出3策：上策，取蓟城（今北京市），据临渝（今山海关），绝其归路；中策，直取长安，据险而守；下策，袭取东都，号令四方。杨玄感求近利，取下策，派其弟杨玄挺引兵围洛阳，屯兵上春，达官子弟40余人投降杨玄感，众至10余万。东都留守樊子盖闻讯勤兵为备，领兵固守，杨玄感久攻不下。代王侑派刑部尚书卫玄，率军数万自关中救东都，两军前后共12战，卫玄溃败。后来杨玄挺中流矢死，兵稍退。当时炀帝在辽东，听说杨玄感起兵，即命撤军，派宇文述、来护儿救东都，杨玄感分兵拒之。樊子盖和宇文述前后夹击，杨玄感败，被迫突围西趋潼关，想攻取长安。大业九年（613年）八月，杨玄感为宇文述等追及，两军大战董杜原，力寡兵败自杀。炀帝派大理卿郑善果、御史大夫裴蕴、刑部侍郎骨仪与留守樊子盖推治杨玄感余党。所杀3万余人，全部藉没其家，枉死者一大半，流徙6000余人。杨玄感围东都时，曾开仓赈济百姓，凡受米的人，全部于都城之南被活埋。杨玄感失败后，响应他起兵的余杭刘元进、梁郡韩相国也相继失败。

隋炀帝三游江都

隋大业元年至十二年（605 ~ 616年），隋炀帝杨广三游江都，游山玩水，炫耀武力，巡幸地方。

大业元年（605年）秋，炀帝率20万人从通济渠去风景秀丽的江都（今江苏扬州）巡幸。炀帝偕皇后、嫔妃、贵戚、朝官及僧道从洛阳乘船南下，

杨广巡游江都图

隋束腰白瓷罐

隋双螭把双身瓶

自己和后妃乘坐长 200 尺、高 4 层的龙舟，龙舟内设宫殿和朝堂，中间 2 层的房间全用金玉装饰，另外还有高 3 层的水殿 9 艘。其他人分乘黄篾舫、朱鸟航、苍螭航、玄武航、青凫舸、凌波舸、五楼、三楼、二楼船等各色船只，总计 5200 多艘。船头船尾相接，有 200 多里长，仅拉纤壮夫就有 8 万多人，还有大队骑兵夹岸护送，盛况空前。船上的人饮酒享乐，到了夜晚，更是灯火通明，鼓乐之声闻于数里之外。沿途 500 里内的百姓，都被迫贡献珍贵食品，吃不完的，就在出发前埋掉。巡游队伍所过之处，象蝗虫一样，把沿途百姓刮得精光，许多郡县甚至强迫农民预交几年的租调，以致百姓倾家荡产。从江都回洛阳，是走陆路，又命令盛修舆辇旌旗羽仪，耗费巨大。大业六年（610 年）三月，炀帝二游江都，令王世充领江都宫监，大造宫室，并大摆宴席，宴请江淮名士，炫耀豪华。大业十一年（615 年），隋炀帝想三游江都，因旧船在杨玄感兵变时被焚毁，于是命令在江都再造几千艘船，且要比旧船更大更美观。

大业十二年（616 年）七月，龙舟制成。宇文述劝炀帝巡幸江都。当时隋朝大兴土木，严重破坏了生产，再加上横征暴敛，人民受到深重灾难，纷纷

起义反对隋朝的统治，隋王朝岌岌可危。建节尉任宗上书极谏，当场被杖杀。行前，奉信郎崔民象又上表谏阻，亦被杀。队伍刚到汜水，奉信郎王爱仁又上表请还长安，又被杀死。于是朝臣再也无人敢说反对的话了。

炀帝命令越王侗、段达留守东都，临行赋诗宫人说："我梦江都好，征辽亦偶然"以示决心。炀帝最后还是去游江都了。他到了江都，接见地方官，献礼多的就升官，献礼少的就罢免。地方官于是竞相贡献，尽量搜刮，甚至预收第2年的租调，百姓穷困，连树皮草叶都吃光了，逼得人吃人。史称炀帝"靡有定居"，在位12年，居京不足1年，而到处巡游却占了11年。他曾北出长城，西巡张掖，南游江都。每次出游不知浪费多少民脂民膏，其中尤以南游江都为甚。人民忍无可忍，再也生活不下去了，于是纷纷起义，反抗隋王朝的残暴统治，隋炀帝第3次的江都之游，便成了他的死亡之旅。

突厥兵围隋炀帝于雁门

隋大业十一年（615年）八月，隋炀帝北巡，突厥始毕可汗率数十万骑兵围炀帝于雁门，九月，才解围。

突厥启民可汗死后，其子始毕可汗继位。裴矩看到始毕可汗的部属渐渐强大，建议隋朝与始毕的弟弟叱吉设和亲，并册封他为南面可汗，以此来分

突厥文《毗伽可汗碑》。突厥文又称鄂尔浑一叶尼塞文，公元六～十世纪突厥、回鹘、黠戛斯等族使用的拼音文字。通行于鄂尔浑河流域、叶尼塞河流域以及今新疆、甘肃境内的一地方。

大隋故朝請大夫夷陵郡太守
太僕卿元公之墓誌銘
君諱字一智河南洛陽人魏
昭成皇帝之後也軒丘肇其得
姓卜洛啓其興王道盛中原紫

隋代太仆卿元公墓志。
清包世臣认为是欧阳询
所书，虽未免有些臆断，
但此志书法峭拔险劲的
特点却与欧书有近似之
处。

103

割始毕可汗的势力。但是叱吉设不敢接受，始毕可汗听说后心里也因此怨恨隋朝。不久之后，裴矩诱杀了始毕可汗的宠臣史蜀胡悉，始毕可汗于是再也不来朝拜隋。

大业十一年（615年）八月，炀帝北巡出塞，始毕可汗率数十万骑策谋截击。始毕可汗之妻义成公主原是隋宗室女，听说后遣使告变，炀帝于是车驾驰入雁门（今山西代县），齐王率后军保守崞县。始毕可汗围攻雁门，而当时雁门贮粮仅仅可以支撑20天，隋部上上下下都很恐惧，将民房拆下来用作防守的工具。突厥急攻雁门，雁门41城被攻克39城，矢及御前，隋将士都很害怕，只有雁门、崞县没有攻下。炀帝非常恐惧，宇文述劝炀帝率精兵千骑突围。苏威、樊子盖等献策：下诏停征高丽以顺抚民心，征四方之兵以解雁门之围，同时遣使说义成公主在始毕肘腋发难，以减轻雁门压力。炀帝听从了他们的建议，于是下诏停征高丽。并视察部队，许以官爵富贵，于是将士踊跃，昼夜拒战。且令各地募兵驰援，郡县竞相响应，太原留守李渊之子李世民应募。炀帝又派使者向义成公主求救，义成公主于是派使者告诉始毕可汗说"北边有急"，当时东都和诸郡援兵已到了忻口，始毕可汗没有办法，只好于九月罢兵而去。雁门之围终于被解。

李渊起兵

隋大业十三年（617年）五月，李渊起兵反隋。

李渊（566～635年），祖籍陇西成纪（今甘肃秦安）。一说陇西狄道人，一说钜鹿郡人。西魏八大柱国之一李虎之孙，世袭唐国公。娶窦氏，生四男，建成、世民、玄霸、元吉，一女嫁柴绍。大业九年（613年），任弘化郡（今甘肃合水）留守，大业十一年（615年），任山西、河东抚慰大使，大业十二年（616年），任太原留守。李渊见隋朝将亡，乘机发展势力，准备夺取政权。他令长子李建成"于河东（今山西永济）潜结英俊"，次子李世民"于晋阳（今山西太原西）密招豪友"。李世民结好于晋阳令刘文静及隋晋阳宫副监裴寂共谋大事。李世民与刘文静募兵近万人，说是准备讨伐刘武国，实际上准备起兵反隋。副留守王威、高君雅怀疑李渊谋反，李渊于是埋伏军队逮捕王威、

高君雅，说他俩引突厥入寇，大业十三年（617年）五月，斩杀他俩，并正式起兵。

六月，李渊接受刘文静结好突厥、资其士马以益兵势的建议，亲自写信，向突厥始毕可汗称臣，以求得其帮助。始毕可汗表示愿意帮助李渊称帝。李渊认为时机未到，于是请炀帝为太上皇，暂立代王杨侑（炀帝孙，父昭为炀帝长子）为帝，传檄诸郡，改换旗帜，杂用绛白，以示突厥。西河郡（今山西汾阳）不服，李建成、李世民派兵攻克之。

同月，李渊建大将军府。李渊自称大将军，设置三军。以李建成为陇西公、左领军大都督，领左军；李世民为敦煌公、右领军大都督；李元吉为姑臧公，领中军。

七月，李渊发兵晋阳（今山西太原），准备攻入关中。李渊以李元吉为太原太守，留守晋阳宫，自己与李建成、李世民率兵3万攻击晋阳。并请突厥出兵以振声势。代王杨侑自长安派宋老生率精兵2万屯霍邑（今山西洪洞北），隋左武侯大将军屈突通将骁果数万屯河东（今山西永济蒲州镇）以拒李渊。八月，李渊父子率兵西进，至霍邑附近的贾胡堡。李建成、李世民大败宋老生兵，李渊遂取霍邑。九月，李渊率诸军围河东，屈突通凭坚固守。李渊留诸将围河东，自己引军西趋长安。李渊到朝邑（在关中蒲津桥西），关中士民多归附李渊。李渊令李建成、刘文静率军数万人屯永丰仓，守潼关以备河东兵，又令李世民率军数万人在渭北，作好攻取长安的准备。

李渊女李氏自李渊起兵后，聚徒众，攻下鄠县、武功（今陕西武功西南）、始平（今陕西始平），众至7万。等到李渊渡河，李氏派使者迎接李渊。与李世民会师于渭北，李氏与其夫柴绍各建幕府，号"娘子军"。

十一月，李渊集诸军20余万围长安，攻克长安后，李渊与百姓约法12条，全部废除隋的苛禁。如约迎代王侑即皇帝位，改元义宁，遥尊炀帝为太上皇。以李渊为假黄钺、使持节、大都督内外诸军事、尚书令、大丞相，进封唐王。以武德殿为丞相府，改教称令。又置丞相府官属，以裴寂为长史、刘文静为司马。

李密投翟让而后代之

隋大业十二年（616年），李密投奔翟让领导的瓦岗军，大业十三年（617年）十一月，李密设宴杀了翟让，瓦岗军领导层内部发生分裂。

李密（582～618年）出身于贵族之家，少有才略，曾为隋炀帝侍卫，后称病自免，结识杨玄感。因参与杨玄感起兵，失败被捕，押送途中逃脱。大业十二年（616年），李密辗转投奔翟让领导的瓦岗军。劝说王当仁、王伯当、周文举、李公逸等小股义军并入瓦岗军；又为翟让设计先破金堤关（今河南荥阳东北），及荥阳诸县，以足军粮。由于策略得当，瓦岗军连连获胜。炀帝以张须陀为荥阳通守率兵2万进击。李密分兵千余于荥阳大海寺北丛林设伏，王伯当等伏兵于大海寺西侧，翟让出战不利，引张须陀追逐10多里，伏兵齐发，大破隋军，杀死张须陀，河南郡县为之丧气。大业十三年（617年），李密与翟让率精兵7000人，一举攻克兴洛仓。

大业十三年（617年）二月，李密自号魏公，拜翟让为上柱国、司徒、东郡公。四月，隋将裴仁基以虎牢降李密，秦叔宝、程咬金、罗士信等率众归附李密。

九月，武阳郡（今河北大名东）丞元宝藏投降李密，请率部取黎阳仓（今河南浚县西南）。李密以元宝藏为魏州总管。派徐世勣率5000人与元宝藏、郝孝德等攻克黎阳仓，开仓任民就食，很快得胜，兵20多万。

十一月，在房彦藻、郑颋等策动下，李密置酒宴请翟让，派壮士从后面斩杀翟让，并杀了翟弘、王儒信等。从此瓦岗军将佐各存疑惧，瓦岗军的力量大为削弱。

隋代蹲狮。唐代帝陵前的踞蹲石狮也从此式发展而成。

窦建德势盛

隋大业十三年至十五年（616～618年），窦建德领导的起义军不断发展壮大。

窦建德（573～621年），清河漳南（河北故城东北）人。世代务农，曾为里长。大业七年（611年）投奔高鸡泊起义军高士达部。大业十二年（616年）十二月，涿郡通守郭绚率万余人攻高士达，高士达授兵于窦建德，大败隋军，斩郭绚。隋将杨义臣继续进攻，高士达不听窦建德暂避其锋的建议，率兵迎击，小胜即纵酒高宴，结果被杨义臣所破，战死。窦建德收其散兵，自称将军。大业十三年（617年）正月，窦建德据乐寿（今河北献县），称长乐王。大业十三年（617年）七月，窦建德设下埋伏，乘大雾袭击薛世雄。河北地区隋军主力遂被消灭。

唐武德元年（618年）十一月，窦建德以祥鸟集于乐寿（今河北献县），改国号为夏，改元为五凤。窦建德为了扩大势力范围，杀死魏刀儿，兼并了这支队伍。窦建德势力更加壮大。唐武德二年（619年）窦建德在聊城（今属山东）擒杀宇文化及，并遣使至洛阳朝见隋越王杨侗，他大量收用隋朝官僚和士人。王世充废杨侗称帝，他也自建天子旌旗。

隋炀帝增修撰官·建书室

隋大业十一年（615年）正月，隋炀帝增秘书省官员120人，并用学士来增补，进行修撰图书。

隋炀帝又命在观文殿前面营建书室14间，门上垂下锦幔，上面有2个飞仙，门外地下安装机关。人到书室前，有宫人先上前踏机关，飞仙于是自动下来，收起锦幔，门户书厨随之自动打开，出去时，大门、书厨自动关上。隋炀帝喜爱读书著述，自从当扬州总管时起，就已经设置了王府学士将近百人，经

隋代项链。周长43厘米。由28个金质球形组成，分左右两组，每球各嵌
10颗珍珠，各球之间有多股金丝链索连接。下端是垂珠饰。制作精致、华贵。

隋代弥陀三尊立像

常命令他们修撰图书，直到继位做皇帝以后，前后 20 年，共撰成书籍 31 部，17000 余卷，并命令秘书监柳顾言校正西京长安的嘉则殿的 37 万卷藏书，得正御本 37000 余卷，藏于东都洛阳的修文殿，又抄成 50 付本，分别藏于西京长安、东都洛阳其他官府。

隋代武士壁画

山东济南四门塔，隋代唯一之石塔。

亭阁式石塔出现

隋大业七年（611年），在山东省历城县柳埠村青龙山麓建成神通寺石塔。塔身平面呈正方形，每面宽7.38米。单层，高15.04米。因四面均辟有拱门，故俗称"四门塔"。

塔全部用青石砌成，塔檐挑出五层，层层收缩形成之截头方锥形攒尖式塔顶。顶上立刹，为方形须弥座，四角饰以山花蕉叶，正中立刹，拔起相轮，和云冈石窟浮雕塔刹完全相同。塔内有粗大的石砌中心柱，柱四面各有佛像一尊，刻工精细，造型生动，整体内部形式同中心柱型石窟极为类似。

　　石塔采用亭阁式造型，中柱、飞檐、尖刹，风格朴素简洁，同当时募仿木结构装饰的砖石塔情态迥异，自其特色。

　　四门塔是我国现存最早的石塔，它开创了亭阁式的塔体造型，是中国古代塔建筑中的一朵奇葩。

隋代猴相俑（十二生肖俑之一）

《诸病源候论》总结各科病因学

　　大业六年（610年），隋代太医博士巢元方等奉诏编撰《诸病源候论》。该书依据《内经》中有关病因病理的知识，系统总结了隋代以前对许多疾病的认识，是我国最早论述以内科病为主各科病因证候的专著。

　　《诸病源候论》又称《巢氏诸病源候总论》，简称《巢氏病源》。全书共50卷，把内、外、妇、儿、五官、皮肤等科的1700多种病证分为67门、

隋代持杖老人俑

1729 条（候），每候一证，分别论述了各种疾病的病因、病理、临床表现、演变过程等。内容十分详细、明确。书中内科病所占篇幅居多，如风病、虚劳病、腰脊病、伤寒病、温病、热病等，其中风病即载 29 种。此外，外科中仅"金疮"一类就记载了 23 种，妇科杂病达 140 多种，皮肤病 40 多种，眼科疾病 38 种。该书记载的内容如此广泛，是前代医书所不能比拟的。

《诸病源候论》注重从认识论和方法论的角度对疾病的病因、病理进行探讨，比起《内经》中运用的笼统论述有了明显的进步。如书中提出传染性温病是"岁时不和，凉温失节，人感乖戾之气而生病"。这种"乖戾之气"的观点为明代医家吴又可继承发展，为中医外感病学作出了重要的贡献。书中又指出疥疮均由疥虫引起，并认为"人往往以针挑得，状如水中虫"。这种说法比 1758 年欧洲 Linne 氏关于疥虫的报告要早 1000 多年。书中还对消渴、脚气、麻风病等进行了详细的描述。并提到了人工流产、肠吻合术、大网膜切除术和拔牙术等，特别记载了伤口分层"8"字缝合的理论及方法，反映出当时较高的手术水平。

《诸病源候论》在许多病证后引录了《养生方》的治疗内容，而不是象一般医书那样附上药方和针灸治疗法。《养生方》是南北朝时一部论述养生方法的专著，早已佚失。但其中部分内容在《诸病源候论》中得以保存下来。

郑译改革音阶体系

魏晋南北朝以来，由于民族间和地域间音乐文化交流的扩展，音乐实践中宫调方面的差异自然显露，反映到音乐理论方面，有时甚至产生相当激烈的争辩。这种种矛盾的情况，在《隋书·音乐志中》里得到前所未见的具体的反映。

曾在龟兹音乐家苏祇婆学过胡琵琶的音乐理论家郑译，开封（河南开封南）人，从乐学方面解释了问题的症结，并发表了见解。郑译说，隋宫廷音乐和龟兹乐都是一均之中有七声，即都有七声音阶，但两者并不完全对应。他认为，用龟兹音乐的七个音阶音（七调）来勘校中原的"七声"，只是"冥若合符"（指模糊相符，大体一致），这可能指的是高音上有细微差别。

115

郑译按照龟兹音乐理论，并继承了周、汉代的传统音乐理论，主张采用七声音阶，在十二律的每一律上建立七声调式音阶，于是就可以形成84种调式音阶，实现完满的旋宫。郑译还说服了苏夔等人，使他们放弃了采用五声音阶的主张，他的音乐理论得到众人的认可。

涉及音阶结构这一重要问题时，郑译坚持其一元化的古音阶（简谱：123 # 4567）的主张，同时又认为黄钟宫的调首应在黄钟而不应在林钟，从而和当时受到龟兹乐影响，在西北地区业已流行，并为宫廷所采用的音阶之一（56^{b}234），产生了种种矛盾。

郑译主张七声古音阶，不赞成使用清商音阶，主张黄钟宫的调首一定要在黄钟。他反对并担心的是，如果黄钟宫的调首移到林钟，实际会变成新音阶（1234567）或清商音阶。而根据实际情况，主张把调首放在林钟的倡议，早在北周武帝时已经出现（《周书·长孙绍远传》），这意味着清商音阶乃至新音阶，当时已经在社会音乐实践中根深蒂固。

郑译和万宝常都主张采用84调和旋宫之法，在中国乐律学史上是有建树的。郑译彻底研究了龟兹琵琶乐调，在理论上进行了沟通和吸收，也是其历史功绩之一方面。但终未得到宫廷肯定。

据《乐府杂录》、《唐会要》和《新唐书·礼乐志十二》记载，唐代有伶乐28调，今人或称燕乐28调。28调较郑译音乐理论上的84调数目要少，但它是在实践基础上总结出来的，对后世的宫调实践和理论有十分重要的影响。

隋炀帝死·隋亡

隋恭帝义宁二年（618年）三月，隋炀帝部下宇文化及杀炀帝，自封丞相，隋朝灭亡。

隋炀帝第三次到江都以后，荒淫益甚，叫王世充挑选江淮美女，送到宫中，共有100多房，终日醉酒狂饮，唯恐不足。但是天下危乱，他也忧惧不安，常对肖后谈论人们要推翻他的传闻，还曾经常拿着镜子自照，对肖后说："好头颈，谁当斫之！"此时，隋炀帝无心北还，想定都丹阳（今南京）。从驾

隋代哀思女俑

隋代人首鸟身俑

隋末群雄割据图

扬州隋炀帝陵

鉴楼。扬州观音山是当年隋炀帝极奢声色的"迷楼"所在地。后
人引以为鉴,便在迷楼被焚后的旧址上建了"鉴楼"。

士兵大多是关中人，久别乡里，私下里想逃归，并且逃亡不止，虽严禁而不能止。隋恭帝义宁二年（618年）三月，虎贲郎将司马德戡、赵行枢等10余名近臣，恐受牵连，密谋结党西逃。宇文智及听说后献计：你们叛逃实自取灭亡，不若乘机图帝王之业。司马德戡等于是共推宇文智及兄宇文化及为主。与马文举、令孤行达等引兵入宫，列举炀帝罪状，想杀死他。炀帝叫人取来毒酒，想要自尽，未能获准，于是他自己解下练巾，授给来人，使人缢杀自己。同时被杀的还有炀帝之子赵王杲、蜀王秀、齐王暕以及隋宗室、外戚等，只留秦王浩未杀，并借皇后命令立秦王浩为帝，只命令他发诏画敕而已。宇文化及留陈棱为江都太守，自称大丞相，夺取江都百姓的船只，带兵北上，声言要打回长安。隋朝自此灭亡。

宇文化及率领10多万人西归，占有隋炀帝的六宫，身同炀帝。他信任唐奉义、牛方裕、薛世良、张恺等人，而猜忌司马德戡，以司马德戡为礼部尚书，外示尊迁，实夺兵权。司马德戡愤怨，贿赂宇文智及，得将后军万余人，到了彭城（今江苏铜山），水路不通，军士负重，始生怨气。司马德戡便与赵行枢等密谋以后军袭杀宇文化及。事情泄露，宇文化及派宇文士及假装游猎，到后军抓住司马德戡，于是杀司马德戡及其同党10多人。宇文化及一行到达魏县（今河北大名西）时，他的部下张恺密谋杀他。事情泄露，宇文化及将张恺等人杀死。至此，宇文化及的腹心之士越来越少，兵势日渐衰弱，上下相聚宴饮，不知将往何处。八月，宇文化及杀秦王浩，称帝于魏县（今河北大名西），国号许。第二年闰二月，宇文化及在聊城被窦建德击败，身死。

李密败王世充

隋恭帝义宁二年（618年）正月，李密败王世充于巩县北。该月，王世充率东都兵屯于巩县北，造浮桥渡洛水击李密，被李密打败，溃兵争桥溺死者万余人。王世充北上河阳（今河南孟县南），沿途冻死者又以万计，仅数千人至河阳。越王侗（隋炀帝之孙）召其还东都，收余众仅得万余人，不敢再出击。李密拥兵30万，进逼洛阳。后来宇文化及攻黎阳（今河南浚县东），李密、徐世勣率兵拒之，但怕东都攻其后路。东都的隋皇泰帝（即越王杨侗）也怕宇文化及西来，于是派使者对李密说双方合击宇文化及，以期李密及宇文化及两败俱伤。李密为解除后顾之忧，上表于隋皇泰帝，请求投降，杨侗拜李密为太尉、尚书令、东南道大行台行军元帅、魏国公。命令李密先平定宇文化及，然后入朝辅政。七月，李密集中精兵攻击宇文化及，李密为流矢所中，秦叔宝率军奋力作战，终于打败宇文化及，宇文化及于是撤兵。李密西还。正好这时东都发生王世充政变，他杀了所有的留守官，自为左仆射、总督内外诸军事，独掌大权。李密准备上朝辅政，听说王世充政变后就回去了。

唐朝

乱世初定

618~620A.D.

唐朝

618A.D. 唐武德元年

五月，唐王李渊称皇帝。李密降于隋皇泰帝。郭子和降于唐。九月，李密为王世充所败，奔唐。宇文化及杀隋秦王浩，称帝于魏县，国号许。窦建德改国号夏。

619A.D. 唐武德二年　隋皇泰二年　王世充开明元年　沈法兴延康元年　李子通明政元年

二月，初定租庸调法。吐谷浑可汗伏允受唐命击凉帝李轨。闰二月，朱粲请降，唐命为楚王。窦建德破聊城，擒宇文化及等杀之，奉表于隋，皇泰帝封为夏王。王世充大将秦叔宝、程知节等降于唐。四月，刘武周引突厥兵陷榆次。朱粲烹唐使，奔王世充。王世充废隋皇泰帝，幽之，自称皇帝。王世充陷伊州，五月，又陷义州，攻西济州。离石胡刘龙儿据地称王，败死，子季真等结刘武周陷石州，称突利可汗。徐圆朗降于唐。王世充大将罗士信等降于唐。王世充扰毂州，大败。八月，唐杀隋废帝，亦谥为恭皇帝。沈法兴称梁王，都毗陵。江都陈棱为李子通所攻，沈法兴遣兵救之，大败。李子通称皇帝，国号吴，丹阳帅乐伯通降之。杜伏威降于唐。窦建德陷赵州。梁师都再攻延州，又败。宋金刚陷沧州，夏县人吕崇茂聚众称魏王，关中大震，命秦王李世民击之。汴、亳等州降于王世充。十一月，刘武周扰浩州。秦王世民屯柏壁，十二月，败刘武周将尉迟敬德。

620A.D. 唐武德三年　王世充开明二年　沈法兴延康二年　李子通明政二年

二月，刘武周陷长子、壶关。突厥处罗可汗立杨政道为隋王，居定襄。四月，秦王世民大破刘武周军，尉迟敬德等降，刘武周走突厥，后为突厥所杀。王世充兵大败于西济州，旋陷邓州。

六月，杨士林为部下所杀，其地入于王世充。七月，秦王世民击王世充。十月，高开道降于唐。窦建德再攻幽州，不克。十一月，突厥处罗可汗死，颉利可汗立。是年，沈法兴为李子通所败，奔吴郡。杜伏威攻李子通，大败之，子通弃江都，保京口，又袭沈法兴，法兴败死。

李渊称帝建唐

隋恭帝义宁二年（618年）五月，李渊称帝（是为高祖），建元武德，建立唐朝。

李渊（566 ~ 635年），大业十二年（616年）任太原留守。当时隋朝在农民大起义打击下土崩瓦解，他乘机起兵反隋，攻取长安，立隋炀帝孙侑为帝。隋恭帝义宁二年（618年）五月，隋恭帝禅位于唐，逊居代邸，封鄘国公，唐王李渊在长安即位称皇帝，建元武德。罢郡置州，以太守为刺史。推王运以唐为土德，色尚黄。

同月，令裴寂、刘文静等修定律

唐高祖李渊像

令，根据开皇律令而进行损益，尽削大业所用烦峻法令。又制53条格，务在宽简，取便于时。六月，唐高祖以赵公李世民为尚书令，黄台公李瑗为刑部侍郎，相国府长史裴寂为右仆射、知政事，司马刘文静为纳言，司录窦威为内史令，李纲为礼部尚书、参掌选事，殷开山为吏部侍郎，赵慈景为兵部侍郎，韦义节为礼部侍郎，陈叔达、崔民干并为黄门侍郎，唐俭为内史侍郎，录事参军裴晞为尚书左丞；以隋民部尚书肖瑀为内史令，礼部尚书窦琎为户部尚书，蒋公屈突通为兵部尚书，长安令独孤怀恩为工部尚书。同月，唐高祖立世子李建成为皇太子，赵公李世民为秦王，齐公李元吉为齐王，宗室黄瓜公李白驹为平原王，蜀公李孝吉为永安王，柱国李道玄为淮阳王，长平公李叔良为

123

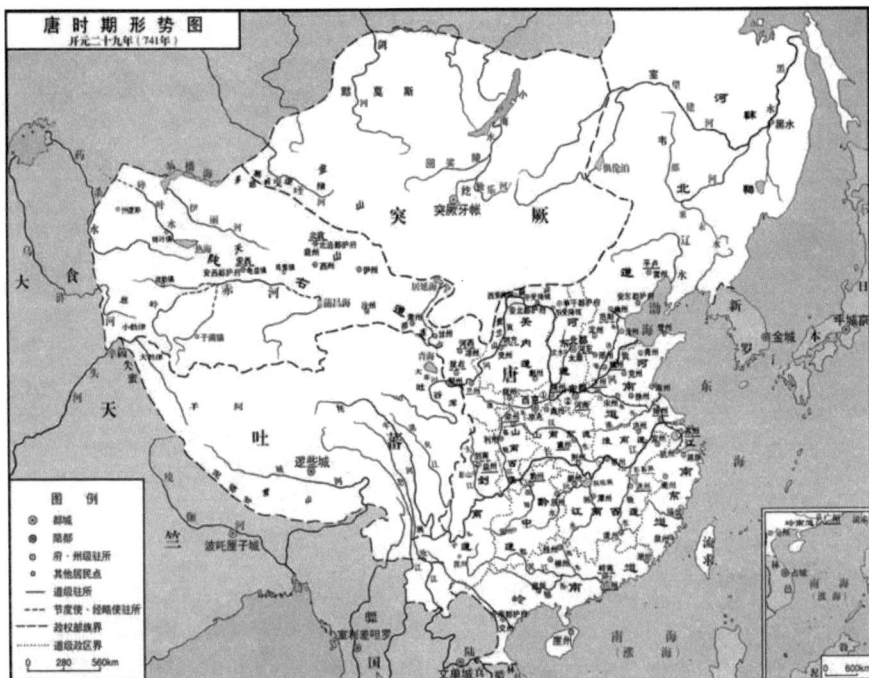

长平王，郑公李神通为永康王，安吉公李神符为襄邑王，柱国李德良为新兴王，上柱国李博义为陇西王，上柱国李奉慈为渤海王。

七月，郭子和从榆林郡（今内蒙托克托西南）派使者到长安，请求归唐。郭子和在隋末起兵以后，势力逐渐发展壮大。后在众人的拥戴下，郭子和自称"永乐王"，改元丑平，奉其父为太公，以其弟郭子政为尚书令，郭子端、郭子开为左右仆射。郭子和招募兵员，训练兵士，有骑兵2000多人，势力强大，独霸一方，与南面朔方郡的梁师都遥相呼应，北面结好突厥，受始毕可汗封为"屋利设"。所谓"设"就是突厥对别部主管军事的首领的称谓。他看到唐军势力强大，于是请求归唐。李渊非常高兴，接受了郭子和的请求，任命郭子和为灵州总管。

李渊称帝后，很快制定方针，巩固关中，逐步消灭割据势力，采取诱降与武力并举，远交近攻，各个击破等策略。在以后7年间，先西北，后东南，陆续消灭恭薛举、李轨、李密、刘武周、王世充、窦建德、肖铣、杜伏威、辅公祏等众多割据政权，基本控制了全国。至贞观二年（628年），消灭依靠突厥的朔方梁师都后，彻底的统一全国。

李密降唐

唐武德元年（618年）九月，李密率万余人入关投降唐朝。

李密杀了翟让以后，独揽大权，骄矜专横，与瓦岗军旧将逐渐疏远，将士心中多有怨言。等到在潼关战役大败宇文化及后，精兵良将损失严重，士

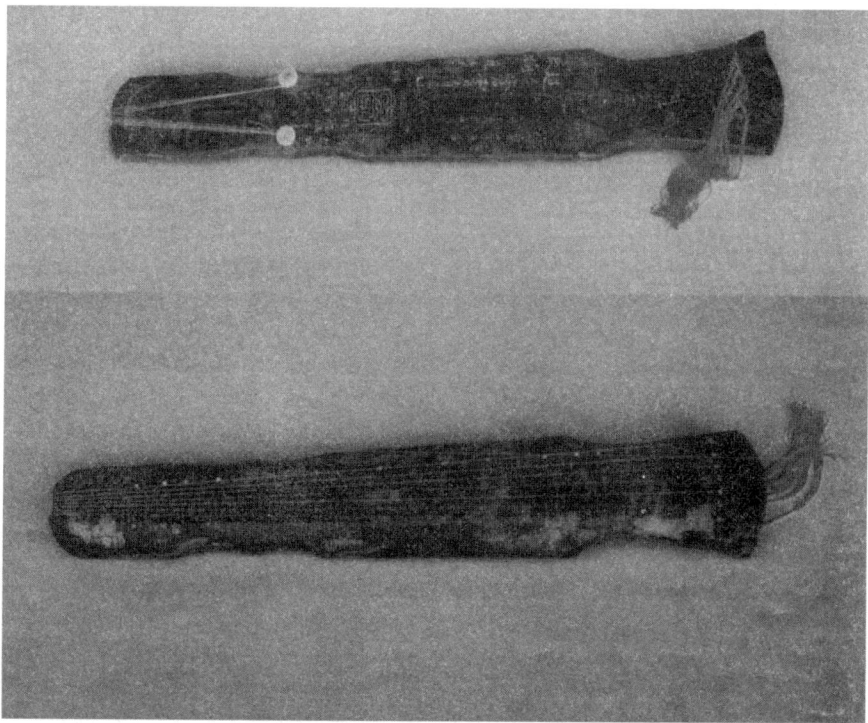

唐代"九霄环佩"紫漆琴（正反面）。此琴为伏羲式，桐面杉底，漆深栗壳色，朱漆修补，鹿角灰胎，底及两侧灰胎下施葛布，通身发小蛇腹断纹，蚌徽。琴面圆厚作半椭圆形，腹内纳音高起。中开圆沟通贯终始，宽度几与长圆池沼等。琴背龙池上方篆"九霄环佩"四字，池下方"包含"细边大印皆最早的镌刻，其余黄书、苏书、开元癸丑三年斫腹款及诗梦斋题识等均系后刻。琴音温劲松透，纯粹完美，形制浑厚古朴，优美而有气魄，是传世唐琴中最罕见的一种。清代末年此琴即享有盛名。被誉为"鼎鼎唐物"和"仙品"。

125

兵疲惫不堪，气势转衰。武德元年九月，王世充趁李密疲惫之机，精选兵卒 2 万多人，战马 3000 匹，进至偃师。李密骄矜，不听部将裴仁基以精兵守要路，然后西逼东都击其虚弱的正确策略。王世充以精骑 200 余潜入北邙山，伏兵突袭李密，纵火焚烧房屋辎重，瓦岗军大败，李密带万余人逃回洛口。王世充又乘胜攻占偃师，俘获裴仁基、郑颋、祖君彦等几十人，邴元真、单雄信等骁将也向王世充投降。李密战败后，见大势已去，就率部 2 万多人西入关中，投降唐朝，轰轰烈烈、盛极一时的瓦岗军终于失败。

十月，李密到长安，并没有得到他所希望的一切，虽被拜为光禄卿、上柱国、赐爵邢国公，但并无实权，待遇也不高，他所带士兵甚至整天都没有食物，李密心怀不满，于是产生叛唐之心。他奏请唐高祖，请求去山东收抚瓦岗军旧部，企图东山再起。当时，瓦岗军的部分将士仍在山东坚持斗争，李渊十分希望李密前往收抚。十二月，李密离开长安前往山东，贾润甫、王伯当与之同行。途中，长史张宝德测知李密等的阴谋，便将之报告唐廷。唐高祖于是降敕书命李密单骑入朝，另给任务。

李密在稠桑（今河南灵宝县西）接到敕书，知道事情不妙，乃与王伯当等人杀掉唐廷使者，不久，又施计攻克桃林（今河南灵宝县治），直奔南山（指陕州以南之秦岭诸山）乘险而东。并派人与旧将张善相联系，让他迅速起兵响应。当时唐将史万宝镇守熊州（今属河南），其行军总管盛彦师识破李密的意图，在熊耳山（河南渑池县南）南设置伏兵，袭击李密。李密猝不及防，慌忙应战，无奈身处绝境，队伍首尾不能相应，遂被唐军歼灭，李密被斩首，骁将王伯当也力战而死。盛彦师因功被赐爵葛国公。

李密被杀后，唐高祖为了警告瓦岗旧部，特命使者专程将李密的头颅从长安携至黎阳给徐世勣看，并把李密谋反的经过告诉他。徐世勣看到李密的首级，伏拜号哭，奏请为李密收葬。高祖答应了他的请求。瓦岗军将士身穿缟素之衣，列队出行，将李密葬于黎阳山南。

李世民灭西秦

唐武德元年（618年）十一月，李世民灭西秦，解除了西方的威胁。

唐初，薛举、薛仁果父子国号西秦，以金城为中心，占有陇西之地，军队号称30万。八月，薛举病死，薛仁果继位。西秦人心不稳，各相猜忌。谋士郝瑗患病不起，西秦国势由此衰败。

薛仁果刚继位，李渊就任命李世民为元帅，讨伐西秦。大军至高墌（今陕西长武），李世民坚壁不战，养精蓄锐，与敌将宗罗睺对峙60多天。结果，薛仁果粮尽，其将梁胡郎、翟长孙等相继率部降唐。李世民知道薛仁果缺粮，将士上下离心，无力再战，决定择时反击。他派行军总管梁实在浅水原扎下大营，引诱西秦攻打。宗罗睺中计，倾精兵围攻。梁实与唐军士兵同甘共苦，守险不出。李世民又使右武卫大将军庞玉接应，自己则统兵从浅水原北面攻入敌阵。西秦军队四散溃逃，数千人被唐军消灭。李世民不顾窦轨的苦谏，选派精锐骑兵2000多人，亲自乘胜追击，进围薛仁果于高墌城下。唐军在秦王指挥下奋勇攻城，西秦骁将浑干等人临阵降唐，薛仁果被迫退守城池负隅顽抗。此时，唐朝的后继部队也开到高城下，与李世民军兵会合，猛烈攻城。守城兵士纷纷弃城投降。十一月，薛仁果见大势已去，被迫出城投降。

初立租庸调

唐武德二年（619年）二月，唐朝初定租、庸、调法，五年以后与均田制同时颁布执行。它以每一男丁授田百亩为前提，在此基础上实行"有田则有租，有家则有调，有身则有庸"的赋役办法，故简称租庸调制。

唐初租庸调制直接从隋代的租调力役制度沿袭而来，并作了改进，对于遭受自然灾害的地方有减课办法，百姓的租调负担比前代稍有减轻，并在纳绢与服役之间有一定的变通性，客观上有利于农业生产和货币经济的进一步

127

唐代劳动妇女俑。俑群三位女子分别操作舂米、推磨、簸粮这三道有联击的劳作

发展，也多少减弱了个体农民对封建国家的依附关系，符合当时社会政治经济的发展要求，因此唐初出现了社会经济繁荣的景象。德宗建中元年（780年），随着计丁授田的均田制的解体，"以人丁为本"的租庸调制也同时废弛了，代之以两税法。

王世充称帝

　　唐武德二年（619年）四月，王世充废掉隋皇泰帝杨侗，自即皇帝位。

　　王世充杀掉元文都、卢楚以后，考虑到人们不服，还伪事皇泰主侗，对其甚为谦恭。他把隋朝所有的高官、名士归为自己太尉府的官属，且收买人心，假意求贤。武德二年（619年），王世充明里进攻新安，实际上召集文武亲信商议废皇泰主以便受禅。他还让段达进宫，令皇泰主为其加九锡。皇泰主被迫同意，诏令王世充为相国，假黄钺、总百揆、进爵郑王，加九锡。他杀死了准备降唐的隋马军总管独孤武都。王世充不满足于当郑王，急于称帝。他让长史韦节、杨续和太常博士孔颖达等人造禅代仪，又派出段达、云定兴等10多人进宫劝说皇泰主禅位。皇泰主杨侗拍案大怒，大义凛然，吓得段达等人直冒冷汗。段达回复王世充，王世充再次派人入宫，措词严厉，强迫皇泰主退位。武德二年（619年）四月，王世充备法驾入宫，废掉皇泰主杨侗，将他囚禁在含凉殿内，自即皇帝位。大赦，改元开明。以儿子玄应为太子，玄恕为汉王，宗族 19 人皆为王。王世充又封苏威为太师、段达为司徒、云定兴为太尉、张仅为司空、杨续为纳言、韦节为内史、王隆为左仆射、韦霁为右仆射，等等。

唐击李轨

因李轨不受唐官，唐于武德二年（619年）二月让吐谷浑攻李轨。五月，安兴贵起兵击李轨，李轨兵败被活捉，送往长安，被斩首。于是，唐平定了河西。

李轨自称凉王，阻兵恃险，连结吐谷浑和突厥，对抗唐朝。武德元年（618年）八月，唐高祖册封李轨为凉州总管，封凉王，李轨不接受。武德二年（619）年二月，唐派使节与吐谷浑伏允可汗联系攻击李轨，答应让伏允作人质的儿子顺返回吐谷浑旧地。伏允当即起兵进攻李轨，唐高祖放顺返回吐谷浑。

安修仁是李轨的亲信大将，其兄安兴贵在长安，安兴贵向李渊请求回河西（今甘肃武威地区）劝说李轨投降，表示如不能劝降，将与兄弟图谋执杀李轨。李渊同意。安兴贵回到武威，李轨对他深信不疑，任命他为左右卫大将军。安兴贵择机游说李轨，劝其投降唐朝。李轨自恃兵马强壮，唐朝奈何他不得，对安兴贵的建议不予理睬。安兴贵劝降无效，与弟安修仁密谋联合胡兵攻打李轨。李轨听说后，率众出战失利，退保城池。李轨部众本来就对他不满，这时争相投奔安氏兄弟。武德二年（619年）五月，安兴贵活捉李轨，送往长安。唐高祖李渊命令处死李轨及其弟、子，河西被唐朝平定。唐封安兴贵为右武侯大将军、上柱国、凉国公，赐帛万段，安修仁为左武侯大将军、申国公。

129

窦建德占据河北

唐武德二年（619年），窦建德率军打败宇文化及和唐军，占据河北。

武德二年（619年）初，窦建德与宇文化及交战，大获全胜。宇文化及不得不再次退入聊城固守对抗。窦建德的军队从四面八方将聊城团团围住，猛烈攻打。王薄等打开城门迎接窦建德军。窦建德进入聊城，安抚民众，收回传国玺及各种卤薄仪仗，处死宇文智及、杨士览、武元达、许弘仁、孟景等人。宇文化及和他的两个儿子承基、承趾则被打入囚车，运至襄国（今河北邢台）处死。他还把隋的1000多宫女放还。

窦建德战胜宇文化及后，以隋黄门侍郎裴矩为仆射，以兵部侍郎崔君肃为侍中，少府令何稠为工部尚书，右司郎中柳调为左丞，虞世南为黄门侍郎，欧阳询为太常卿。其他的隋吏，窦建德也加以礼待，随才授职，委以政事。其他不愿意留下而想投奔关中及东部的也听任离去，并且给以钱粮作路费，派士兵护送出境。隋朝的骁果将近万人，也随其所往。窦建德还派人与王世充修好，奉表于皇泰主，皇泰主封窦建德为夏王。窦建德听到王世充废皇泰主杨侗自立的消息，便与王世充断绝了关系，于武德二年（619年）四月，始建天子旌旗，出警入跸，

唐代力士立像（残）。整个造型刻划得精致而不失整体感，透露出力士蓬勃旺盛的生命力和威武刚猛的气势。

唐代天王立像（残）。天王头部、左臂和右腕部以下均残失。身穿铠甲，铠甲下缘有垂缨，前胸和腹部有圆形护。革带二条，分束胸腹，并有锁链状饰物垂挂，帛带绕腹掖于腰侧，内穿战袍，下摆向后飘拂垂至地面。札袴腿，穿靴。上身左倾，呈丁字步站立。劲作刚劲，立姿雄健。虽为残像，仍可见威武挺拔的气势。雕工处处精致，战袍和铠甲的不同质感都表现得很充分，显示了高度成熟的雕刻技巧。

下书称诏，还任命隋齐王杨暕的儿子杨政道为郧公。窦建德也像隋末唐初割据北方的各种势力一样，依附突厥，借突厥之力壮大自己。出嫁到突厥的隋义成公主听说宇文化及被杀，遂派使者到中原迎请杨广妻肖后与南阳公主。窦建德派1000多骑兵护送肖后北行，还把宇文化及的首级呈献给义成公主。

九月，窦建德攻陷赵州。俘虏了唐朝镇守赵州的张志昂和张道源等人。窦建德看他们是忠贞之士，不背叛朝廷，于是赦免了他们。十月，窦建德进攻卫州（今河南汲县），唐将李世勣派骑兵军官丘孝刚率300人执行侦察任务。途中，丘孝刚的骑兵与窦建德遭遇，打败窦建德。窦建德的右军赶来消灭了丘孝刚的骑兵，进兵黎阳。

经过激烈的攻坚战，黎阳被窦建德占领，唐将李世勣的父亲徐盖与大臣魏征、淮安王李神通、李渊的妹妹同安公主在城陷时被俘。只有李世勣率几百人渡过黄河逃出。世勣见父亲被俘，几天后也投降了窦建德。卫州听说黎阳被攻克，也将城献给窦建德。唐滑州刺史王轨的家奴杀王轨来降窦建德，滑州几日后和徐圆朗等人也归降窦建德。同月，窦建德回洺州，修筑万春宫，将国都迁徙到这里，武德三年（620年）八月，唐高祖派出使节到河北与窦建德媾和。当时唐朝李世民正率兵攻打王世充，为了避免窦建德偏助王世充，所以李渊试图与窦建德暂时结盟。窦建德也同意与唐交好，并释放了同安公主，允许他与唐朝使者一同返回长安。窦建德于是占据河北。

李世民击刘武周

唐武德二年至三年（619～620年），李世民奉命进攻刘武周，大败刘武周。

武德二年（619年）六月，唐高祖对刘武周的进攻非常忧虑，于是任命裴寂为晋州道行军总管，以讨刘武周。在度索原，刘武周军大败裴寂军，随后攻克并州、太原、晋州。武德二年（619年）秋冬之季，刘武周攻克唐州县，吕崇茂也起来响应刘武周，隋将王行本据守蒲坂（今山西永济南）对抗唐军，并且勾引刘武周南下，威胁关中。唐廷为之震动。李世民请求朝廷给3万人马进击刘武周，高祖同意。

李世民奉命出击河东，屯兵于柏壁。武德二年（619年）年末，刘武周部下吕崇茂、尉迟敬德、寻相等率兵在夏县大败永安王李孝基，并俘李孝基及其部属。尉迟敬德、寻相将归浍州，李世民派兵部尚书殷开山、总管秦叔宝等人在美良川伏击敌人，大败尉迟敬德，歼敌2000多人。不久，尉迟敬德、寻相秘密带精骑兵援救蒲坂的王行本。李世民自己统帅步兵、骑兵3000人乘夜从小路行军，赶至安邑（今山西翼城附近），从半路突袭尉迟敬德，取得巨大胜利。尉迟敬德、寻相逃走。

李世民带着俘虏的敌人返回柏壁。唐将都请求李世民与刘武周交战，李世民未准，说对孤军深入的刘武周不宜速战，而应将其拖垮，待其弹尽粮绝，会自动逃归。

经过数月对峙，刘武周部宋金刚军粮耗尽向北撤退，李世民下令追击。武德三年（620年）四月，追至吕州（今山西霍县），唐军大败寻相，乘胜逐北。在雀鼠谷，唐军一天8战，大败宋金刚主力军，歼敌数万人。陕州总管于筠从敌营中逃回后，随李世民围困介休。宋金刚

陕西昭陵出土的唐代武士俑

尚有残兵2万多人，背城布阵，与唐军在西城门外交战。李世民派总管李世勣正面迎击宋金刚，自率精锐骑兵突袭宋金刚的背后，大败宋军，歼敌3000人。宋金刚力不能敌，率骑兵逃走。李世民率兵继续追击数十里，到达张堡。浩州行军总管樊伯通、张德政据城自守。尉迟敬德收集败兵据守介休，李世民派遣任城王李道宗、宇文士及前去劝降。尉迟敬德、寻相率介休、永安二县降唐。李世民任尉迟敬德为右一府统军，仍旧统领旧部8000人，配合唐军作战。刘武周听说宋金刚战败，退出并州向北逃入突厥。宋金刚收拾旧部力图再战，但部下全无斗志，宋金刚也只得率百人逃入突厥。不久，宋金刚策谋逃往上谷，被突厥追杀。岚州总管刘六儿跟随宋金刚在介休，被李世民擒杀。李世民兵至晋阳，刘武周所封仆射杨伏念向李世民献城。唐俭也封好府库等待李世民。至此，刘武周掠取的唐河东州县都被李世民收复。高祖听说并州收复，很高

唐狩猎出行壁画

兴，设宴招待群臣，赠以绸缎。恢复唐俭的官爵，仍旧以他为并州道安抚大使。李世民留李仲文镇守并州，高祖以李仲文检校并州总管。

　　刘武周逃入突厥境内后，被突厥杀死。突厥任命苑君璋为大行台，统领刘武周的旧部。

杀刘文静

唐武德二年（619年）九月，唐高祖杀刘文静。

刘文静曾任隋晋阳令，唐高祖李渊晋阳起兵，刘文静出了大力，为唐朝的建立立下了汗马功劳。唐朝建立以后被封为鲁国公，官至民部尚书。他自以为功绩在裴寂之上，而位居裴寂之下，对此十分不满。每逢朝臣集议，裴寂一发表言论，刘文静便与他顶撞，两人也因此产生很大分歧。有一次刘文静与他弟弟喝酒时，拔刀砍击木柱，恨恨地说："有朝一日，一定将裴寂杀死。"刘文静妾派人揭发刘氏兄弟兴妖作怪，召用巫人。唐高祖派裴寂、肖瑀询问刘文静，刘文静就明说并无反心，只是对裴寂位居其上有所不满。李纲等对高祖解释刘文静并无造反之心。晋王李世民也为刘文静百般求情，并且说及当年晋阳起兵是刘文静所定之策。这之后裴寂虽被告知刘文静并不是有意谋反，但是裴寂仍然要求高祖铲除后患。高祖一向非常重视裴寂，且与之关系甚密，考虑良久，最后还是采用裴寂的意见，于武德二年（619年）九月，将刘文静和他的弟弟通直散骑常侍刘文起处死，籍没全家。

李世勣归唐

唐武德三年（620年）正月，李世勣归唐。

武德二年（619年）末，李世勣派人劝说窦建德进攻河南，实际上是要待窦建德到达河南时，以精兵偷袭其营，杀死窦建德，救回父亲归唐。窦建德同意了李世勣的意见，自己将亲自带兵攻河南，李世勣率3000人马前去会师。这时窦建德的妻子曹氏夫人临产，李世勣没有等到窦建德，遂没有杀成窦建德。曹旦当时在河南侵扰百姓，各州县对他产生怨恨。当时魏都有人叫李文相，自称李商胡，率5000多人驻守在孟津中潬（今河南孟津东北）。李文相的母亲霍氏善骑射，自称霍总管。李世勣与李商胡结拜为兄弟，欲联合反对窦建德，归降唐朝。于是，李商胡宴请曹旦的手下将领 23 人一起饮酒，席中将这些人全部杀死。又派 4 艘大船运载尚未过河的高雅贤、阮君明诸军。船行至河中央，李商胡将高雅贤手下约 300 多人杀死。军中有一兽医逃脱，把李商胡叛乱的事告诉了曹旦，曹旦立即宣布严加戒备，防止生变。李商胡起事后，才通知李世勣。李世勣的大营与曹旦相距不远，郭孝恪劝说李世勣袭击曹旦，李世勣犹豫不定，又听说曹旦已经有了准备，便同郭孝恪率领几十名骑兵离开军营归降唐朝。李商胡带兵击败阮君明，高雅贤收军撤退，李商胡追击不成返回驻地。李世勣背叛窦建德，群臣要求杀死其父，窦建德不准，义释了徐盖。李世勣、郭孝恪于武德三年（620 年）正月到达长安，归降唐朝。

唐击王世充

唐武德三年（620 年），唐高祖命秦王李世民率军进击王世充。

李渊收复了河东失地，于武德三年（620 年）六月，招集大臣商议讨伐王世充。七月，唐高祖下诏，命秦王李世民督领诸军进击王世充。王世充得到消息后，慌忙进行迎战准备，设置 4 镇将军，集中兵力戍守洛阳 4 城。

七月，唐将罗士信率先头部队围攻慈涧（今河南新安县东 30 里），王世充闻讯，亲率 3 万大军前来救援。李世民率军 5 万进围慈涧，王世充畏惧，撤出慈涧，返回洛阳。攻克慈涧后，李世民派遣行军总管史万宝从宜阳（今河南洛宁东北）向南据守龙门，将军刘德成从太行山向东围河内（今河南沁阳县），上谷公王君廓从洛口（在虎牢西）切断王世充的粮道，怀州总管黄君汉从河阴攻回洛城（今偃师北），而李世民的大军屯驻在北邙（今河南洛阳东北）。八月，黄君汉派校尉张夜叉用船渡过黄河攻击回洛城，将城攻下。

九月，李世民率 500 骑兵登上北邙山魏宣武帝陵墓观察，王世充突然率 1 万大军将他们包围，单雄信举槊直奔李世民而来。眼看李世民就要遇难，随从的尉迟敬德跃马大呼，前来救援，将敌将单雄信刺落马下，救李世民突出重围。屈突通带唐主力军赶到，击败王世充兵马，王世充大败而逃，唐军俘其冠军大将军陈智略，斩首 1000 多级，俘获排兵 6000 人。同月，濮州刺史杜才干假装投降王世充部下邴元真，乘机杀了邴元真，以濮州降唐。同月，

唐代女乐俑。乐女跪坐，怀抱四弦琵琶。

　　唐行军总管罗士信袭击王世充的碛石堡（今河南渑池西），得胜后进围千金堡（今洛阳县北），用计攻取千金堡。

　　唐军进而围困洛阳，王世充被迫向窦建德求救。窦建德听从了夏中书侍郎刘彬的建议，答应出兵援救王世充。同时又派使者劝阻李世民进攻洛阳，李世民对此不予理睬。

西域音乐统治中国

　　隋唐时期，中国政治稳定，经济繁荣，中国文化也达到一个高峰时期。以此为基础，再加上对待外来文化的兼收豁达，使得隋唐王朝与各国外文化的交流日益兴盛，表现在音乐方面，则是边远地区各少数民族和邻国各民族的音乐艺术，相继传入中原地区，并得到广泛的发展，成为中原文化不可或缺的一部分，其中尤以西域音乐为最。

　　西域音乐之所以能传入中原并得到推广，原因是多方面的。首先，隋唐王朝要有足够的经济实力，才能支付音乐团体的巨大开支，这是经济基础；其次，隋唐王朝各皇室的血缘关系使得他们易于接受来自西域的音乐，如唐高祖母亲元贞皇后，姓氏为独孤氏，这一血统与匈奴族有很大牵连；最后，隋唐王朝各皇室的祖籍居住地与西域有着类似的文化、地理联系背景也促成了西域音乐的传播，如唐高祖李渊是成纪（今甘肃安北）人，祖籍则在狄道（今甘肃临洮），均属陇西地域，与西域的文化背景极为类似，语言、文化、生活习惯有很多相通之处，故接受西域音乐自然在情理之中。

　　西域音乐在中原地区的传播，并与中原旧有的汉族传统音乐相融合，最后被官府以乐部的形式加以确认。依时代不同，被确认的乐部数目也有所不同，如隋朝开皇初年是七部乐，到大业中年则为九部乐，唐王朝武德初年为九部乐，到贞观十六年则扩展到十部乐。这里所说的乐部的数量是指当时官府确认的乐曲的数量。大致有燕乐、清商乐、西凉乐等等。其中有的乐部承袭自中原旧有的传统音乐，而大部分则是来自于西域音乐，如唐贞观十六年（642年）的十部乐（燕乐、清商乐、西凉乐、高昌乐、龟兹乐、疏勒乐、康国乐、安国乐、天竺乐、高丽乐）中，除清商乐为中原旧有，高丽乐来自东方邻国外，其余八部都是来自于西域音乐，其中又以龟兹乐对中原音乐的影响最大。

　　西域音乐在中原的具体体现曲目，有《霓裳羽衣》和《秦王破阵乐》。《霓裳羽衣》是唐玄宗在西凉节度使杨敬述所献的《婆罗门曲》的基础上加以润饰而成的，情调幽雅清丽，着力渲染虚无缥缈的天外世界。全曲分三大部分：

唐舞乐屏风。绢本设色，新疆吐鲁番阿斯塔那 230 号出土，该墓共出土舞乐屏风六扇，屏风上画二舞伎四乐伎，每扇一人，左右相向而立。右边舞伎挽高髻，额描花钿，曲眉凤目，面颊丰腴。身穿蓝地卷草纹白袄，锦袖红裳；足着高头青绚履，左手拈披帛，右手虽残，仍可看出微微上举之势，似正挥帛而舞，整个人物显得飘逸俊美，婀娜多姿。娟画右上角还画了一只展翅飞翔的凤鸟，使整个画面显得生动活泼。左边乐伎持筚篥，身穿宝相花团锦袖袄，着皮靴，形象亦优美。其技法线条流畅，笔法细腻，为初唐时期的绘画精品。

139

散序（六小段）、中序（十八小段）和入破（十二小段）。《秦王破阵乐》也是唐代大型宫廷乐舞，讲述秦王李世民打败叛将刘武周，百姓为之欢呼的故事。

西域音乐在中原的传播，使得唐代宫廷音乐带有浓郁的西域地方色彩，强大地震撼了中原旧有的音乐传统，极大地影响着后来的中华音乐文化的发展。

621~630A.D.

唐朝

621A.D. 唐武德四年　王世充开明三年　李子通明政三年

窦建德俘孟海公。五月，窦建德为秦王世民所败被俘，王世充降于军前，唐兵入洛阳。初行开元通宝钱。窦建德部众拥刘黑闼起事。祆教祠建于长安。

622A.D. 唐武德五年

秦王世民大破刘黑闼，刘黑闼奔突厥。六月，刘黑闼引突厥扰山东。十二月：太子建成、齐王元吉合军大败刘黑闼。唐开贡举。

623A.D. 唐武德六年

正月，刘黑闼为部下所执，送太子建成军，斩之。二月，徐圆朗败死。

唐兵大败吐谷浑。三论宗大师吉藏卒。

624A.D. 唐武德七年

八月，突厥分扰原、忻、并、绥等州，颉利、突利二可汗连营南下；秦王世民御之于幽州，与突利可汗结盟，遣人使于突厥。制定均田法。《艺文类聚》编成。

626A.D. 唐武德九年

六月庚申，秦王世民杀太子建成、齐王元吉及其诸子；癸亥，立世民为皇太子。高祖自称太上皇，传位太子世民，是为太宗。

628A.D. 唐贞观二年

大发兵击梁师都，败其突厥援军，梁师都为部下所杀。是岁，西突厥统叶护可汗为其伯父所杀。

629A.D. 唐贞观三年

十二月，突厥突利可汗来朝，遣使入贡，名僧玄奘赴印度求经。

630A.D. 唐贞观四年

正月，李靖等败突厥，颉利可汗退碛口；二月，又大破之于阴山，其大酋长皆降，颉利可汗奔苏尼失，三月被俘，突厥亡，漠南之地遂空。四裔君长上太宗号为天可汗。

622A.D.

七月十五日（正确日期应为九月二日）穆罕默德自麦加出奔麦地那。伊斯兰教徒以 622 年为伊斯兰历纪元。

630A.D.

整个阿拉伯之汉志区皆统一在穆罕默德旗帜之下。

李世民击败王世充、窦建德

李世民在围攻王世充时，窦建德领兵增援，李世民一举消灭窦军，俘窦建德本人，并随后围困洛阳，王世充被迫于高祖武德四年（621年）五月率残部投降。至此，王世充、窦建德两军被李世民击溃、消灭。

武德四年（621年）正月，唐行台仆射屈突通和赞皇公窦轨率兵与王世充军偶遇，并作战正处失利之时，李世民率黑衣骑兵赶到，抄袭并击溃王世充军，是役俘王军骑将葛彦璋，歼王军6000人，王世充本人战败逃走。二月，李世民选精锐骑兵千余人，均皂衣玄甲，分左右两队，以名将秦叔宝、程知节、尉迟敬德、翟长孙分任统领，在谷水（今河南渑池县渑水及其下游）大败王世充，并进而包围洛阳宫城，但洛阳城中守卫甚严，大炮飞石重达50斤，可以抛掷200步远，八弓弩箭粗如车幅，镞如巨斧般锋利，射程达500步远。因而李世民军队围洛阳10日而未果，但李世民毫不退缩，决心攻下洛阳，并严下军令，胆敢提班师者立斩不赦，加紧围攻王世充。在唐军的急攻下，王世充乃飞书窦建德求援，窦建德在徘徊犹豫后，接受刘彬的建议，令大将范愿驻守曹州，派遣孟海公、徐圆朗等将领，领兵10万，西行救援王世充。窦建德军一路战事顺利，连下管州（今河南郑州一带）、荥阳（今河南郑州附近），阳翟（今河南禹县）等州县，进入中原地区，并从黄河逆水而上，运送粮草，水陆并进。王世充闻知援军已来，并派其弟徐州行台王世辩、大将郭士衡等军数千与窦建德军会师，两军号称30万大军，并屯兵在成皋东，窦建德在板诸（今荥阳东北）修筑行宫。

鉴于军情变化，李世民采纳薛收的意见，采用围城打援的战术，准备先平定窦建德军后，再返头攻打王世充。李世民把部队分为两部分，一部由李元吉、屈突通等统领，继续围守洛阳。一部由自己带领3500人向东奔武牢。王世充目视李世民率军历邙山，抵河阳，过巩县，但不明李世民底细，而不敢贸然出击。3月25日，李世民到达虎牢，距虎牢东20多里即是窦建德军营，26日，李世民派李世勣、程知节、秦叔宝分别统军埋伏路旁，自己亲率四名

少林寺塔林。武德四年（621年），秦王李世民攻打东都，少林寺僧惠场、昙宗、志操等13人奋起响应，擒捉王世充侄子王仁则，投奔李世民。世民嘉其殊勋，累加厚赐，赐教少林寺，勒石纪功。又拜昙宗为大将军。少林寺自此名扬四方。

骑兵诱敌，窦军果然中计，派五六千人追击，遭伏，李世民军俘获窦军大将殷秋、石瓒，歼灭窦军300余人。李世民战后即修书陈说利害，劝窦军返回。

窦建德因王世充的不断告急，决定率大军进攻武牢。李世民五月初一北渡黄河，亲自察敌形势，并留一千马匹在河渚引诱窦建德，率部队连夜返回虎牢。第二天，窦建德率军抵达虎牢，李世民在窦建德军列阵时，趁势率军袭击又饥又疲的窦军，窦建德阵脚大乱，唐军杀窦军三千余人，窦军一溃千里，被俘五万余人，窦建德本人亦被槊击中，被唐车骑将军白世俘房，窦军只有窦夫人曹氏和左仆射齐善行率几百骑兵逃回洺州。后来齐善行奉窦建德夫人曹氏及其余将官降唐，窦建德故地全部被唐军平定。

李世民败俘窦建德后，押窦至洛阳城外与王世充相见，断绝王世充依靠外援的念头。并加紧围困洛阳，挖深堑、筑堡垒，致使洛阳城内粮食缺乏，城内饿死者成千上万。王世充面对这些残酷的事实，自知大势已去，便于五月初十日领太子、群臣两千多人到军门降唐。王世充的哥哥徐州行台王世辩以徐、宋等三十八州向河南道安抚大使李瑰投降，至此王世充故地都被平定。

143

窦建德被俘解至唐都长安被斩于市。王世充则因降唐，并有李世民不斩前言，而被免死，贬为庶人，与兄弟、子侄流放蜀，在定州府州驿站被仇人独孤机之子定州刺史独孤修德杀死。王世充子侄等亦因在流放路上谋反而均被杀。

李靖破江陵·肖铣开门出降

武德四年（621年）十月，唐军攻破江陵，肖铣开门投降，辖部也纷纷投降唐朝。

隋末，巴陵校尉董景珍等人，拥立肖铣，割据江陵，唐高祖武德元年（618年），肖铣称帝，建都江陵，国号梁，控制着东起九江，西抵三峡，南到交趾，北自汉水的大片地区，强盛一时。

九月高祖下诏征巴、蜀军队，以李孝恭为荆湘道行军总管，李靖摄行军长史，下统十二个总管，进攻盘据江陵一带的肖铣。

李孝恭采纳李靖建议，乘长江水涨，肖铣不防备，部署战舰 2000 艘顺长江而下，连克荆门（今湖北荆门）、宜都（今湖北宜都）两镇，进至夷陵（今湖北宜昌西北），又击败肖铣的屯驻在清江的战将文士弘，缴获战舰 300 多艘。肖铣的江州总管盖彦举率五州降唐，当初肖铣罢兵从事农业生产，江陵守军仅数千人，李孝恭看到肖铣兵少，冒险进攻，战败。但李靖趁肖铣收缴战利品时，突然袭击大败肖铣，乘胜直抵江陵城外部，又攻克江陵水城。李靖又令将缴获的敌舰扔入江中，任其漂流而下，肖铣援军果然受此迷惑，认定江陵已破，便停军不前。这时，肖铣委任的交州刺史丘和、长史高士廉、司马杜之松将要入朝江陵，闻听肖铣战败，前去投降唐军。肖铣此时前后受阻，唐军又紧紧围困江陵，肖铣遂于十月采纳中书侍郎岑文本建议，率江陵守军残余降唐。几天后肖铣的十几万援兵抵江陵，见肖铣已降，便尽数降唐。肖铣的黄门侍郎刘洎受命经略岭表，已收降 50 余城，闻其主降，便以 50 城投降唐朝。李孝恭将肖铣押送长安，被斩首。至此肖铣被平定。

李世民开馆延士

武德四年（621年）九月，鉴于秦王李世民功高望重，唐高祖任世民为天策上将军，位在王公之上，并兼任司徒。

李世民认为其时天下逐步统一，海内平定，便在秦王宫西部开馆，延请四方饱学之士。

秦王出教以秦府属官杜如晦、记室房玄龄、虞世南、文学褚亮、姚思廉、主簿李元道、参军蔡允恭、薛元敬、颜相时、谘议典签苏勖、天策府从事中郎于志宁、军谘祭酒苏世长、记室薛收、仓曹李守素、国子助教陆德明及孔颖达、盖文达、宋州总管府户曹许敬宗，并以本官兼任文学馆学士。秦王又让著名画家阎立本为各学士画像，褚亮撰写赞文，号称十八学士。秦王李世民将十八学士分为三批，轮流值班，自己一有空闲，便到文学馆，与各位学士讨论文籍，直到深夜。文学馆在社会上名望颇重，如果得为学士，时人便称为"登瀛州"。

唐行开元通宝钱

唐高祖武德四年（621年）七月，下令废止隋旧币五铢钱，改行新铸的唐币开元通宝钱，给事中欧阳询奉命撰文题字。开元通宝也读作开通元宝。开元通宝每枚直径八分，重二铢四累，每十枚重一两，这对我国的衡法产生了重大的影响，使古代衡法由原来的一两等于二十四铢演变为一两等于十钱。

开元通宝制作工整，大小轻重适宜，《旧唐书·食货志》曾称赞它说"轻重大小最为折衷，远近甚便之"，唐代几百年间都有铸造。

开元通宝的创制在我国货币发展史上具有划时代的意义。当时对铜钱的成色作了严格的规定，如天宝年间规定铜钱的成分为铜83.32%，白镴14.56%，黑锡2.12%，这是铸钱制度的极大进步。另一方面，以通宝来为货

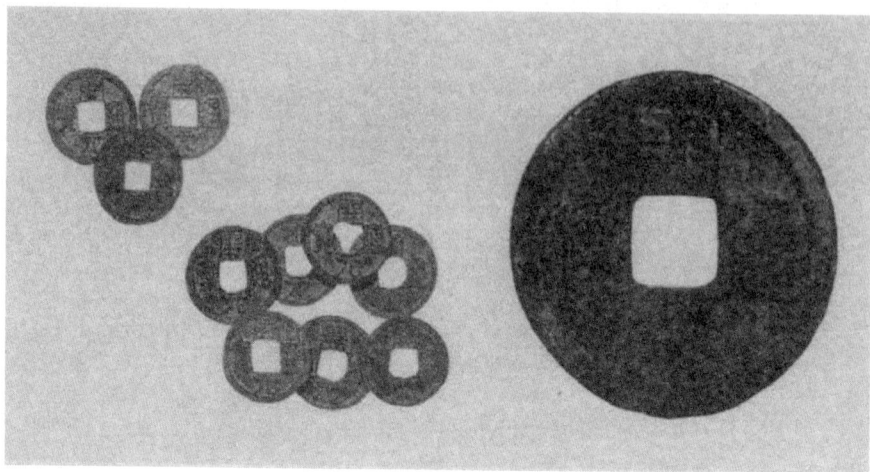

唐开元通宝钱

币命名，反映了人们对货币作用的认识进一步深化，也反映了货币的地位在社会经济中不断增强，具有深远的社会意义。唐行开元通宝钱。对后世人们的货币观念及货币的流通使用产生了很大的影响。

击破辅公祏平定江南

辅公祏初从杜伏威，后杜伏威猜忌辅公祏并削弱其兵权，令辅公祏非常不满。唐高祖武德五年（622年），杜伏威入长安，留辅公祏镇守丹阳。次年辅公祏诈称接杜信函，令其起兵，又诈称唐扣留杜伏威，不能回江南。继而大修仪仗，储运兵粮。不久在丹阳称帝，建国号宋，以左游仙为兵部尚书、东南道大使、越州总管，镇守会稽（今绍兴），联合张善安抗唐，委张善安为西南道大行台，并置百官。八月辅公祏攻打海州（今江苏连云港），寿阳（今安徽寿县）。

八月二十一日，高祖令李孝恭率水师赴江州（今江西九江），李靖率岭南军赴宣州（今安徽宣城），黄君汉从谯（安徽亳县）、亳（同上）出兵，李世勣出兵淮、泗共四路围讨辅公祏，九月又令屯兵关州的李世民回，任为

唐代彩　甲马武干俑

江州道行军元帅，统帅大军。

　　李孝恭先后在枞阳（安徽合肥附近）、宣州等地败辅公祏，后又攻占宣州附近鹊头、梁山等镇，又在芜湖败辅公祏、安抚使任环拔扬子城、广陵城主龙龛降唐。辅公祏令其大将冯慧亮、陈当世率水师三万驻博望山，陈正通、徐绍宗领步兵驻青林山，并锁断长江通路。唐军抵达后，辅公祏军坚守不出。李孝恭听从李靖建议，以弱兵引诱，冯军出城，被李孝恭军大败，博望山、青林山军溃，被歼一万余人。高祖武德七年（624年）三月，李靖进兵丹阳，辅公祏弃城而走，欲南走会稽与左游仙会合，后经常州，到武康被人攻击，辅公祏被俘，送往丹阳后被杀。唐军分道攻辅公祏全部，辅公祏起兵被平定。

唐代吹笛女侍。吹笛女侍头梳华丽的双发髻，体态潇洒轻盈，双手执一横笛，正翘起灵巧的手指，全神贯注地吹奏。

三馆制形成

唐高祖武德九年（626年），唐设弘文馆，与集贤书院、史馆合称"三馆"。

唐高祖武德四年（621年），置修文馆于门下省。九年，改为弘文馆。唐中宗神龙元年（705年），为避唐孝宗李弘讳，改名昭文馆。唐玄宗开元七年（719年），复弘文馆旧名。弘文馆是国立中央图书馆，唐代弘文馆中藏书20余万卷，置讲经博士。唐高宗仪凤年间，选五品以上者任学士，掌校理图籍，订正谬误。下设直学士、文学直馆，皆由他官兼领，无定员。武后垂拱以后，以宰相兼领馆务，号馆主，由判馆事一人辅助办理馆务。另设令史、楷书手、折书手、笔匠、装潢、亭长、掌故等，办理校理典籍的各项事务。馆中有学生38人，选自皇族、勋臣子弟学经史书法，凡教授、考试，如国子监之制。

宋太宗太平兴国三年（978年），创立子弟三馆书院，赐名崇文院，官职皆沿唐制之名。

修定大唐雅乐

唐朝建立初年，军务、政务繁忙，根本无暇顾及雅乐之事，宴享时均沿袭隋朝旧制，奏九部乐。

几年以后，唐朝境内逐渐平定，四海皆安，唐高祖李渊才于武德九年（626年）正月，诏令时任太常寺少卿的幽州范阳人（今河北涿县）祖孝孙负责修定雅乐。因祖孝孙曾为官隋朝，并且熟习梁、陈、齐、周及隋朝旧乐、吴楚之音及吴戎之伎，所以他仔细斟酌南北音乐，并考证古音，历时二年半，于贞观二年（628年）六月，作成《大唐雅乐》。修定过的大唐雅乐以十二月各顺其律，以旋相为宫，制定十二乐，总共三十二曲，八十四调，祖孝孙恢复已亡绝很久、世人都不懂的旋宫之义，对其前的音乐保留作出了贡献。

《大唐雅乐》的修订，打破了南北胡汉音乐的界限，将南北胡汉音乐熔于一体，在古代宫廷音乐史上有重要的地位。

唐制定新制度

武德七年（624年），唐颁布新制，包括官制、户籍法、均田制及租庸调法三部分内容。

唐中央机构由三省、一台、九寺、两监组成。三省及御史台是辅佐皇帝的最高权力机关。三省中长官皆为宰相。中书省起草诏令，门下省审核、签署，尚书省为全国最高行政机关，下设吏、户、礼、兵、刑、工六部掌具体事物。

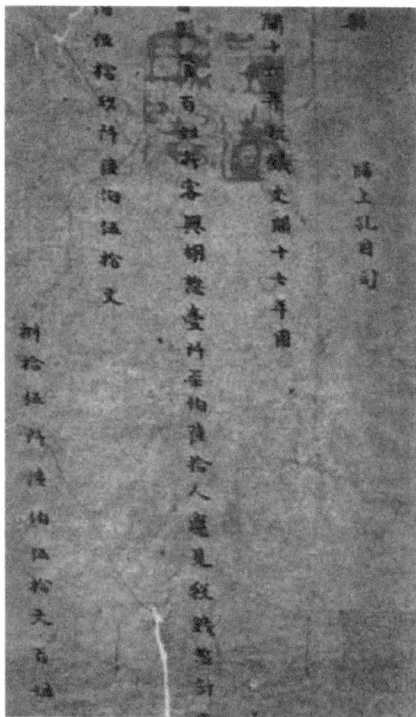

敦煌唐代文书。商税是封建国家的重要收入之一。图为敦煌出土的载有税款使用规定的唐代文书。

吐鲁番出土的唐西州都督府屯田文书

御史台负责弹劾中央及地方官员，为最高监察机关。中央其它事物由太常、光禄、卫尉、宗正、太仆、大理、鸿胪、司农、太府等九寺和将作监、国子监等两监管理。地方机构分州、县两级，分由刺史、县令统管。

新户籍法规定，民户均以一百户为里，五里为乡，四家为邻，五家为保的方法组织起来。男女始生为黄，四岁为小，十六岁为中，二十一为丁，六十为老。国家三年一造户籍，户籍包括人口、年龄、土地、身份、户等、课税等项。户籍法还列有皇族、奴婢、僧道等特别身份籍。户籍法规定，士农工商各司其业，良贱禁婚，贱民世袭，民户不许擅自迁徙等条款项。

唐初均田制有平民、官两种授田。平民授田又分丁男、中男、残疾、寡妻妾、僧道、工商业者等数种。丁男和18岁以上授承业田100亩，其中口分田80亩，其余各种人酌减。各级勋员授勋田100顷，地租收入作为俸禄之一。各类官署可占公廨田100～40000亩，收入充为公经费。授田有宽、狭乡之别，狭乡口分田为宽乡的一半。在所授田中，永业田可传子孙，口分田在身死后归官府，平民不许轻易卖田，官卖田限制不严。永业田、口分田均不许买卖，但迁徙别乡及身死无力营葬可买卖永业田。

　　租庸调制与均田制相配合，是唐主要赋役制度。以"有田则有租，有家则有调，有身则有庸"为原则，此法按丁征派赋役。每丁均纳"租"粟2石；"调绢"2丈（或绫2丈，布加1／3），绵3两（或麻3斤）；服劳役每年20天，无役则每日征绢3尺，此谓输庸；凡加役或遇自然灾害则酌情减免赋役。

　　唐初颁行的户籍法，将农民牢固束缚在土地上。而均田制的实施又取得了垦辟荒地，增加户口，稳定兵源的良好效果，加快了社会经济的复苏。租庸调法的实施，使丁身、土地、赋役紧密结合起来，做到"有田则有租，有家则有调，有身则有庸"，稳定了国家的财政收入。总之，唐初各项新制度的颁行，为以后唐朝的稳定、繁荣打下基础。